Georg Schmorl

Pathologisch-anatomische Untersuchungen über Puerperal-Eklampsie

Georg Schmorl

Pathologisch-anatomische Untersuchungen über Puerperal-Eklampsie

ISBN/EAN: 9783743641372

Hergestellt in Europa, USA, Kanada, Australien, Japan

Cover: Foto ©berggeist007 / pixelio.de

Weitere Bücher finden Sie auf **www.hansebooks.com**

PATHOLOGISCH-ANATOMISCHE UNTERSUCHUNGEN

ÜBER

PUERPERAL-EKLAMPSIE

VON

Dr. med. GEORG SCHMORL,

Privatdocenten und I. Assistenten am pathologischen Institut zu Leipzig.

MIT 4 FARBIGEN TAFELN UND 1 LICHTDRUCKTAFEL

VERLAG VON VOGEL.

1893.

MEINEM HOCHVEREHRTEN LEHRER

HERRN

GEH. MEDICINALRATH PROF. DR. BIRCH-HIRSCHFELD

GEWIDMET.

Wenn wir die umfangreiche Litteratur, welche sich im Laufe der Zeit in Betreff der puerperalen Eklampsie angehäuft hat, überblicken, so ergiebt sich, dass alle bisher über die Pathogenese dieser Krankheit aufgestellten Theorien ohne Ausnahme nicht im Stande sind, die ganze Reihe der Erscheinungen, welche wir unter dem Namen der puerperalen Eklampsie begreifen, nach allen Richtungen hin zu deuten und zu erklären. Alle bewegen sich mehr oder minder in theoretischen Spekulationen, zum Teil gestützt auf pathologische und physiologische Analogien. Nun kann es aber keinem Zweifel unterliegen, dass das Theoretisiren über das Wesen einer Krankheit stets die grosse Gefahr in sich birgt, auf falsche Bahnen zu gerathen, besonders dann, wenn, wie dies bei der Eklampsie der Fall ist, die dem Krankheitsprocess zu Grunde liegenden anatomischen Veränderungen noch nicht nach allen Richtungen hin gekannt und sicher gestellt sind. Es muss daher, wenn wir eine sichere Grundlage gewinnen wollen, auf der wir erst Schritt für Schritt in das Verständniss des schwierigen Krankheitsprocesses einzudringen vermögen, als erste Aufgabe erscheinen, den anatomischen Thatbestand in seinen wesentlichen Zügen festzustellen.

Zur Erreichung dieses Zweckes schien mir eine systematische, mit Hülfe der neueren Untersuchungsmethoden angestellte Untersuchung, die sich nicht nur auf die am Sektionstisch als verändert erkannten Teile zu beziehen hatte, sondern sich auf wo möglich sämmtliche wichtige Körperorgane erstrecken musste, am geeignetsten zu sein. Dank dem grossen Material des hiesigen pathologischen Institutes war es mir möglich, eine verhältnismässig grosse Zahl einschläglicher Fälle in relativ kurzer Zeit zu sammeln und daran meine Untersuchungen anzustellen. Bevor ich über die von mir erhobenen Befunde berichte, möchte ich zunächst auf die hauptsächlichsten, bisher bei Eklampsie gefundenen anatomischen Veränderungen in Kürze eingehen.

Nachdem der englische Geburtshelfer Lever[1]) auf das Vorkommen von Eiweiss im Urin Eklamptischer hingewiesen hatte, wandte sich ganz natürlich die Aufmerksamkeit der Kliniker und Anatomen den Nieren zu. An diesen Organen liessen sich nun auch bei der grossen Mehrzahl der Fälle mehr oder minder schwere Veränderungen nachweisen. In den wenigsten Fällen handelte es sich dabei um Läsionen, welche ihrem anatomischen Charakter nach als chronische bezeichnet werden mussten, ganz in Übereinstimmung mit der den Klinikern längst bekannten Thatsache, dass im Verlauf chronischer Nephritiden, d. h. solcher, welche bereits vor Anfang der Schwangerschaft bestanden hatten, nur selten Eklampsie ausbricht; in weitaus der Mehrzahl der Fälle fand man an den Nieren Veränderungen, welche als akute Störungen angesehen werden mussten und anatomisch im wesentlichen als Degenerationsprocesse (trübe Schwellung, Verfettung, Nekrose) der Epithelien des Nierenlabyrinths gekennzeichnet waren[1]). Daneben liess sich in einer Reihe von Fällen eine ein- oder doppelseitige Dilatation der Nierenbecken und der Ureteren nachweisen als Ausdruck einer intra vitam bestandenen Harnstauung, welch' letztere auf eine durch den im kleinen Becken fest eingepressten Kindesteil bewirkte Ureterenkompression zurückgeführt wurde. Diese Nierenveränderungen, auf welche sich eine der bekanntesten Theorien der Eklampsie, welche dieselbe mit der Urämie identificirt, aufbaut, waren lange Zeit die einzigen einigermassen konstanten Befunde, denen man bei den Sektionen Eklamptischer begegnete.

Erst in neuerer Zeit ist man auf Veränderung eines anderen Organs aufmerksam geworden, welche, soweit die bisherigen wenig zahlreichen Mitteilungen darüber einen Schluss zulassen, zum mindesten ebenso häufig wie die erwähnten Nierenläsionen gefunden worden sind. Es sind dies hämorrhagische Veränderungen der Leber. Dieselben sind zwar schon früher hier und da gesehen und beiläufig erwähnt worden, aber grössere Beachtung haben sie bis in die neueste Zeit nicht gefunden. Es ist das unbestreitbare Verdienst von Jürgens[2]), zuerst auf diese hämorrhagische Hepatitis, um seinen eigenen Ausdruck zu gebrauchen, hingewiesen, ihr konstantes Vorkommen betont und eine genaue Beschreibung ihres makroskopischen Aussehens gegeben zu haben. Jürgens war es ferner, der im Anschluss an diese Befunde darauf aufmerksam machte, dass infolge der Leberveränderungen Leberzellen in die Blutbahn hineingeraten und mit dem Blutstrom verschleppt werden, ein Befund, der von Klebs[3]) bei zwei Fällen von Eklampsie, bei denen ebenfalls ausgedehnte Leberläsionen vorlagen, bestätigt worden ist.

Merkwürdigerweise haben diese interessanten Beobachtungen von Jürgens weder bei den pathologischen Anatomen, noch bei den Geburtshelfern die gebührende Beachtung gefunden. Es finden sich zwar nach dem Bekanntwerden der Jürgens'schen Befunde in der Litteratur Mitteilungen über Leberveränderungen, aber derartige Befunde wurden stets als aussergewöhnlich angesehen. Erst in neuester Zeit hat Pilliet[4]) denselben grössere Aufmerksamkeit geschenkt und auf Grund eines sich auf

---

1) Vergl. die Arbeiten von Leyden: Über Schwangerschaftsniere; Zeitschr. f. klin Med. Bd. II. u. XI, sowie die Arbeit von Prutz, Zeitschrift f. Geburtshülfe und Gynäkologie. Bd. XXIII, welche eingehende Litteraturangaben enthält.

22 Fälle von Eklampsie stützenden Beobachtungsmaterials die Vermutung ausgesprochen, dass diese Leberveränderungen konstante, für die Pathogenese der Eklampsie wichtige Befunde bilden möchten. Pilliet's Verdienst ist es ferner, diese Veränderungen zuerst genauer mikroskopisch untersucht und nachgewiesen zu haben, dass es sich dabei nicht um einfache Blutungen, sondern um mehr oder minder ausgedehnte nekrotische Herde handelt. Zu den gleichen Resultaten sind Lubarsch und Prutz[5] gekommen, von denen der erstere 12, der letztere 9 Fälle von Eklampsie untersuchte. Von sonstigen Veränderungen, die man bei Obduktionen Eklamptischer häufiger beobachtet hat, erwähne ich ferner das mehr oder minder hochgradige Gehirnödem, sodann die bei einer Reihe von Fällen gefundenen Hirnblutungen. Weiterhin möchte ich noch auf die von Virchow[6] und Jürgens zuerst beobachtete Fettembolie, welche in den meisten Fällen die Lunge allein, in einigen aber auch die Nieren betraf, und endlich mit Rücksicht auf meine eigenen Befunde auf die von Klebs im Gehirn, Leber, Nieren und Nebennieren gefundenen Thrombosen kleiner Gefässe hinweisen, welche der genannte Autor in Beziehung zu den in die Blutbahn eingedrungenen Leberzellen bringt.

Wenn ich nun an die von mir bei Eklampsie erhobenen pathologisch-anatomischen Befunde herantrete, so will ich an erster Stelle die Veränderungen, die ich an den Lebern Eklamptischer gefunden habe, einer eingehenden Besprechung unterziehen, weil sie der Ausgangspunkt für meine Untersuchungen gewesen sind. Hier muss ich nun an erster Stelle hervorheben, dass ich bei den von mir beobachteten 17 Eklampsiefällen Leberveränderungen niemals vermisst habe. Meine Befunde bestätigen somit die von Pilliet in einer seiner letzten Publikationen über diesen Gegenstand ausgesprochene Vermutung, dass es sich dabei um konstante Befunde handeln möchte. Ob diese Vermutung sich in ihrem vollen Umfang wird aufrecht erhalten lassen, darüber werden weitere Beobachtungen zu entscheiden haben. Das von Pilliet und mir zusammengetragene Material ist entschieden noch zu klein, um ein sicheres Urteil darüber zu gestatten.

Was nun meine Beobachtungen anlangt, so waren in allen Fällen mit Ausnahme von zweien, auf welche ich später zurückkommen werde, die Leberveränderungen so zahlreich und so ausgedehnt, dass sie schon bei der makroskopischen Besichtigung am Sektionstisch deutlich hervortraten. Im allgemeinen möchte ich zwei Formen der Leberveränderungen bei Eklampsie unterscheiden, welche sowohl in ihrem makroskopischen als mikroskopischen Verhalten Verschiedenheiten darbieten, die ich aber, wie ich gleich hier bemerke, durchaus nicht principiell von einander trennen will, sondern die meiner Ansicht nach bezüglich ihrer Pathogenese auf eine Stufe gestellt werden müssen. Bei beiden Formen handelt es sich um Nekrosen der Leber, die in der einen Reihe der Fälle hämorrhagischen, in der anderen anämischen Charakter zeigen. Fast in allen

1*

Fällen finden sich Kombinationen beider Formen, meist aber in der Weise, dass die eine oder die andere Art der Veränderungen überwiegt. Mag aber diese oder jene Form der Leberläsion vorliegen, stets bietet die Leber dabei ein so charakteristisches Aussehen dar, dass man, wenn man diese Veränderung nur ein- oder zweimal gesehen hat, sofort mit Sicherheit eine Leber als von Eklamptischen stammend erkennen wird, ohne dass die näheren Verhältnisse des Falles bekannt sind.

Wenn es sich vorwiegend um hämorrhagische Nekrosen handelt, welche nach meinen Beobachtungen, sowie nach den Angaben anderer Autoren entschieden am häufigsten vorkommen, so pflegt das Organ die normalen Grössenverhältnisse nur wenig oder gar nicht zu überschreiten. Die Konsistenz ist eine pralle, in einigen Fällen lag ein deutliches Ödem vor, daran kenntlich, dass auf Fingerdruck eine seichte, sich langsam ausgleichende Stelle zurückblieb. Auf der Oberfläche sowohl, als auf der Schnittfläche treten mehr oder minder zahlreiche rote Streifen und Flecken der verschiedensten Grösse hervor, welche oft netzartig unter einander verbunden sind und der Oberfläche eine landkartenartige Zeichnung verleihen. Die roten Flecken springen sowohl an der Oberfläche als an der Schnittfläche ganz wenig hervor und zeigen ein leicht gekörntes Aussehen, ohne dass die Acini deutlich erkennbar sind. Sie sind mit zackiger, aber scharfer Grenze gegen das umgebende Lebergewebe abgesetzt. Letzteres erscheint in der Mehrzahl der Fälle braunrot gefärbt, nur in einigen wenigen Beobachtungen zeigte es eine bräunlich gelbe Farbe, liess aber die acinöse Struktur deutlich erkennen. In ihm treten meist mehr oder minder reichlich feinste punktförmige bis halberbsengrosse, opake, weissgelbliche Herde hervor, welche ein trockenes Aussehen ohne erkennbare acinöse Struktur darbieten und meist durch einen schmalen roten Saum von der Umgebung abgesetzt sind. Ähnliche Herde bemerkt man mitunter, wenn auch wenig reichlich, innerhalb der roten Flecken und Streifen. Die genannten Veränderungen waren in allen hierher gehörigen Fällen unregelmässig über das ganze Organ verteilt, eine Prädilektionsstelle für dieselben habe ich nicht gefunden; in einigen Fällen schien es mir, als ob der Lobulus Spigelii am meisten afficirt wäre. An den grösseren mit der Schere verfolgbaren Gefässen fanden sich keine Veränderungen; es möge aber hier bemerkt sein, dass die tiefrotgefärbten Flecken bis unmittelbar an die grossen Lebervenen bisweilen heranreichen und durch die dünne Wand hindurchschimmern, gerade so, als ob ausgedehnte Blutungen an der Aussenseite der Venen vorhanden wären. Ein etwas anderes Aussehen zeigte die Leber in den Fällen, bei welchen die Eklampsie einen protrahirten Verlauf genommen, und in solchen, bei denen sich im Verlauf der Krankheit Ikterus entwickelt hatte. Im ersten Falle erschienen in dem meist bräunlich-gelb gefärbten Leberparenchym braunrote Flecken und Streifen, die ein trockenes Gefüge darboten und meist deutlich unter die Schnittfläche zurücksanken; bei den mit Ikterus komplicirten

Fällen, deren ich bisher zwei beobachtet habe, zeigte die Leber die grösste Ähnlichkeit mit der unter dem Namen aknte gelbe Atrophie bekannten Veränderung, mit dem Unterschied, dass hier die Leber nicht verkleinert erschien. Bei der mikroskopischen Untersuchung stellten sich aber, wie ich gleich hier erwähnen will, Differenzen zwischen beiden Veränderungen heraus; auf dieselbe werde ich später zurückkommen.

Wesentlich anders als das im Vorstehenden gezeichnete Bild ist jenes, welches die Leber in den Fällen darbietet, bei denen vorwiegend anämische Nekrosen vorliegen. Auch hier ist das Organ meist nicht, oder nur unbedeutend vergrössert und zeigt eine ziemlich feste Konsistenz. Die Oberfläche ist übersät mit feinsten punkt- bis zehnpfennigstückgrossen gelbweissen oder reinweissen Herden, welche meist ziemlich unregelmässig geformt, mit scharfem, schmalem, tiefrot gefärbtem Saum sich gegen das umgebende braunrote, mitunter leicht ikterische Lebergewebe absetzen; am häufigsten liegen sie an den freien Rändern der Leber und an jenen Stellen, wo sich die Aufhängebänder an das Organ ansetzen, doch werden sie auch an der übrigen Oberfläche nicht vermisst; schneidet man diese oberflächlich gelegenen Herde ein, so zeigen sie eine keilförmige Gestalt, ein dichtes Gefüge und ein homogenes, trockenes, gelbweisses Aussehen, wodurch sie anämischen Infarkten der Leber und Milz frappant ähnlich werden. Neben diesen gelbweissen Herden treten an der Oberfläche auch mehr oder weniger zahlreiche rote Flecken und Streifen hervor, welche genau dasselbe Verhalten zeigen, wie die oben erwähnten hämorrhagischen Nekrosen. Ein Querschnitt durch das Organ bietet dasselbe bunte Aussehen wie die Oberfläche dar, nur zeigen hier die gelbweissen Herde eine sehr unregelmässige Form. Hier erkennt man deutlich — besonders mit Loupenvergrösserung — dass die feinsten opaken gelbweissen Streifen meist den Verzweigungen des periportalen Gewebes folgen, häufig aber feine zackige Ausläufer in die Substanz der Acini hineinsenden.

Ebenso charakteristisch wie das makroskopische Aussehen dieser Lebern ist auch der an ihnen erhobene mikroskopische Befund. Fassen wir zunächst die hämorrhagischen Nekrosen in das Auge, so muss zunächst bezüglich ihrer Lage hervorgehoben werden, dass die kleinsten stets in der Umgebung des periportalen Bindegewebes ihren Sitz haben, und zwar meist in der Weise, dass die peripheren Teile der an einen solchen Bindegewebszug angrenzenden Acini fast gleichmässig von der Veränderung ergriffen sind. Bei grösseren Herden erstrecken sich die gleich zu beschreibenden Nekrosen meist auf sektorartige Ausschnitte verschiedener Acini, mitunter umfassen sie aber auch eine ganze Gruppe von solchen. Diese Veränderungen zeigen nun je nach ihrem Alter ein recht verschiedenes Aussehen. Sind sie noch frischen Datums, so erscheinen sie als mehr oder minder ausgedehnte Blutungen. Ich kann der Ansicht Pilliet's, welcher als erstes Stadium eine Kapillarektasie ansicht, durchaus nicht beipflichten. An Alkoholpräparaten kann man, besonders wenn man etwas dickere Schnitte untersucht, allerdings sehr leicht zu der von Pilliet vertretenen Ansicht geführt werden; allein an Präparaten, die zur Konservirung der roten Blutkörperchen in Sublimat oder in Müller'scher Lösung fixirt und in möglichst feine Schnitte (Paraffineinbettung) zerlegt wurden, kann man sich sicher davon überzeugen, dass hier Blutungen, die allerdings mit einer starken Gefässdilatation verbunden sind, vorliegen. Denn man sieht, dass sich das Blut zwischen die Leberzellenbalken und die Kapillarwände hineingewühlt, letztere vielfach durchbrochen und unterwühlt hat, derart, dass vereinzelte oder mehrere zusammenhängende Leberzellen allseitig von roten Blutkörperchen umgeben werden (Fig. 1). Dabei zeigen die letzteren in den verschiedenen Herden ein auffallend verschiedenes Verhalten gegenüber der Eosinfärbung; in manchen nämlich nehmen sie diesen Farbstoff ebensogut an, wie die innerhalb der Blutbahn an intakten Leberstellen gelegene; dabei sind ihre Konturen gut erhalten, jedenfalls nicht in der Weise abgeplattet, dass man eine Stagnation annehmen müsste. Ich möchte mich bezüglich dieses Verhaltens der von Klebs[7]) ausgesprochenen Vermutung anschliessen, dass hier noch eine langsame Circulation stattgefunden hat. An anderen Stellen dagegen glaube ich daraus, dass die roten Blutkörperchen blass oder gar nicht gefärbt und derart an einander gepresst waren, dass ihre Konturen nur schwer erkannt werden konnten, schliessen zu können, dass hier eine vollständige Stase vorhanden war. Ich erwähne diese Einzelheit deshalb, weil an den Stellen, wo eine völlige Stagnation meiner Vermutung nach nicht besteht, die aus ihrem Verband losgelösten Leberzellen mit dem circulirenden Blute fortbewegt und so in die Blutbahn eingeschwemmt werden können, und weil auf diese Weise der Befund von Leberzellen in der Blutbahn, auf welchen ich später noch zurückkommen werde, seine Erklärung findet.

Die im Bereich der frischen hämorrhagischen Herde gelegenen Leberzellen zeigen meist schon deutliche Zeichen der Auflösung und des Zerfalls, welche sich besonders in ihrem Verhalten gegen Farbstoffe kenntlich machen, denn ihre Kerne sind nur noch schwach, mitunter überhaupt nicht mehr färbbar, ihr Protoplasmaleib, welcher sehr häufig unregelmässige und verwaschene Konturen zeigt, verhält sich ebenfalls meist ablehnend gegen die Aufnahme von Eosin resp. Carmin; besonders hochgradig verändert erscheinen meist die unmittelbar am periportalen Gewebe liegenden Zellen: sie sind völlig kernlos, besitzen einen eigentümlichen Glanz und sind nicht selten in ein aus feinen Fasern gebildetes Netzwerk, das sich mit der Weigert'schen Fibrinfärbung tief blau tingirt, eingebettet. Sind die Herde schon etwas älteren Datums, so tritt dieses feine Fibrinnetz in der ganzen Ausdehnung derselben auf; die in seinen Maschen liegenden Leberzellen sind völlig kernlos und gequollen, die roten Blutkörperchen geschrumpft und nicht mehr mit Eosin färbbar. Die ältesten Herde endlich bestehen aus einer völlig homogenen, mitunter etwas glänzenden Masse, in welcher neben Pigmentkörnchen und zerfallenden roten Blutkörperchen bisweilen zahlreiche verschieden grosse, sich mit kernfärbenden Farbstoffen intensiv tingirende Körnchen enthalten sind, welche grosse Ähnlichkeit mit Kokken besitzen, von diesen sich aber leicht durch ihre verschiedene Grösse und unregelmässige Form unterscheiden. Nach meinem Dafürhalten sind diese Körnchen als Kerndetritus zu deuten. In der Umgebung dieser nekrotischen Partien bemerkt man nicht selten eine nicht unbeträchtliche Kapillarektasie, sowie dichtgedrängte Leukocyten mit fragmentirten Kernen, welche mitunter auch in die peripheren, seltener in die centralen Abschnitte der nekrotischen Herde einwandern. Was nun die anämischen Nekrosen anlangt, so habe ich bereits oben erwähnt, dass sie in ihrem makroskopischen Verhalten die grösste Ähnlichkeit mit den bekannten anämischen Infarkten der Niere und Milz besitzen; noch deutlicher tritt dies bei der mikroskopischen Untersuchung hervor (Fig. 2). Solange sie noch frisch sind, ist in ihrem Bereich die Leberstruktur noch deutlich erhalten; aber die Leberzellen sind gequollen, ihr Protoplasma nur noch schwach mit Eosin färbbar, ihre Kerne entweder völlig geschwunden oder noch als unregelmässig gekörnte, abgeblasste und geschrumpfte Gebilde erkennbar. Die Kerne der Kupferschen Sternzellen dagegen, sowie die der Gefässendothelien sind meist noch gut färbbar; die Kapillaren sind an der Peripherie der Herde hier und da durch hyaline Thromben verschlossen, in den centralen Teilen dagegen völlig leer. Die nekrotischen Herde sind ausserordentlich scharf gegen das umgebende Lebergewebe, welches nur in ganz vereinzelten Fällen eine stärkere Fettinfiltration erkennen lässt, abgegrenzt, derart, dass kernlose, blass gefärbte Leberzellen unmittelbar neben gut gefärbten kernhaltigen Zellen liegen. Sind die Herde schon etwas älter, so verlieren auch die Kerne der Kupferschen Sternzellen und die der Gefässendothelien ihre Färbbarkeit. Das nekrotische Zellmaterial quillt auf und sintert zu einer homogenen Masse zusammen, welche mehr oder minder reichliche aus Kerndetritus bestehende Körperchen einschliesst; meist stellt sich jetzt in der Peripherie der Herde eine Ansammlung von Leukocyten ein, welche mitunter ziemlich tief in die centralen Teile der nekrotischen Partie einwandern. Diese anämischen Nekrosen liegen, solange sie einen grösseren Umfang noch nicht besitzen, ebenso wie die hämorrhagischen fast stets dem periportalen Bindegewebe unmittelbar an. Allerdings kommt es nicht selten vor, dass zwischen dem periportalen Gewebe und dem nekrotischen Herd eine oder zwei Reihen von wohlerhaltenen Leberzellen eingeschaltet sind.

Von grosser Bedeutung scheinen mir ferner eine Reihe von Veränderungen zu sein, welche ich am Gefässsystem der von Eklamptischen stammenden Lebern habe nachweisen können.[1]) Es handelt sich hier um

---

1) Dieselben Beobachtungen sind von Lubarsch und Prutz gemacht worden, deren Arbeiten mir erst nach Abschluss des Manuskriptes zu Gesicht kamen.

ausgedehnte Thrombosen, welche in der Mehrzahl der Fälle die kleineren im periportalen Bindegewebe verlaufenden venösen und kapillaren Gefässe betrafen, in zwei Fällen aber auch grössere Gefässstämme beteiligten. Was zunächst diese zwei Fälle anlangt, so sind es jene oben kurz erwähnten, bei denen sich bei der makroskopischen Besichtigung der Leber entweder keine, oder nur unbedeutende Veränderungen — kleine circumscripte rote oder gelbweisse Flecken — finden, welche nicht ohne weiteres als nekrotische Herde, als welche sie sich thatsächlich bei der mikroskopischen Untersuchung erwiesen, angesprochen werden konnten. Hier stellte sich nun bei näherer Untersuchung der in hohem Grade auffallende Befund einer totalen Pfortaderthrombose heraus; dass hier nicht etwa eine agonale Verstopfung vorlag, ging mit absoluter Sicherheit daraus hervor, dass der Pfropf, welcher sich übrigens sowohl in die äusseren — vena mesenterica superior und lienalis — als auch in die im Inneren der Leber gelegenen Verzweigungen der Pfortader fortsetzte, das Lumen prall ausfüllte, der Gefässwand ziemlich fest anhaftete und schon bei der makroskopischen Besichtigung, noch deutlicher aber bei der mikroskopischen Untersuchung eine deutliche Schichtung erkennen liess. Ob die in diesen zwei Fällen vorhandene Pfortaderthrombose für die in diesen Fällen so geringe Ausbreitung der bei den übrigen Eklampsiefällen so sehr ausgedehnten Leberveränderungen verantwortlich gemacht werden kann, resp. muss, wage ich nicht zu entscheiden. Ich möchte aber darauf hinweisen, dass in allen Fällen von Eklampsie, bei denen ausgedehnte Leberveränderungen nicht vorhanden sind, die Pfortader und ihre Verzweigungen in und ausserhalb der Leber einer genauen Untersuchung unterzogen werden müssen.

Die bei den übrigen Fällen gefundenen Thrombosen (Fig. 3) kleinerer Gefässe lagen ganz vorwiegend in der unmittelbaren Nähe von nekrotischen Herden und waren besonders, wenn es sich um hämorrhagische Nekrose handelte, fast stets mit ausgedehnten Hämorrhagien in das periportale Bindegewebe vergesellschaftet. Sie fanden sich aber auch an solchen Stellen der Leber, an denen Nekrosen noch nicht nachweisbar waren; gerade diesen letzterwähnten Befund möchte ich besonders betonen, weil er meiner Ansicht nach beweist, dass die Thrombosen nicht als sekundäre, von den Nekrosen abhängige Veränderungen, sondern vielmehr als selbständige und, wie ich später zeigen werde, als die primären, die Nekrosen bedingenden Processe aufzufassen sind. Die Thromben bauten sich meist aus glänzenden, mitunter feinstreifigen hyalinen Massen auf, welche sich mit Eosin leuchtend rot, mit der Weigert'schen Fibrinfärbung tiefblau färbten. Zum Teil aber bestanden sie aus feinen, sich mit Eosin und Nigrosin intensiv färbenden Körnchen, welche ich als Blutplättchen deuten möchte. Die hyalinen Thromben fanden sich meist in kleinsten Venen und Kapillaren, deren Wände mitunter ausgedehnte hyaline Degeneration erkennen liessen; während die Plättchenthromben meist die etwas grösseren Interlobularvenen ausfüllten; doch wurden in letzteren mitunter auch Pfröpfe gefunden, welche aus Fibrin, weissen und roten Blutkörperchen und feinkörnigen Massen bestanden.

An den Gallengängen liessen sich in den meisten Fällen keine Veränderungen nachweisen; in einigen aber fand sich eine recht bedeutende Gallenstauung, vorwiegend in den kleinen Gallengängen und Gallenkapillaren, die besonders schön in den in Sublimat gehärteten Präparaten zu Tage trat. Besonders hochgradig war diese Gallenstauung in den zwei schon oben kurz berührten Fällen, welche mit Ikterus komplicirt waren. Ich habe bereits darauf hingewiesen, dass in diesen Fällen die Leber bei der makroskopischen Betrachtung ein ausserordentlich ähnliches Aussehen darbot, wie bei akuter gelber Atrophie, nur mit dem Unterschiede, dass in unseren Fällen eine auffallende Verkleinerung der Leber, wie sie für die letztgenannte Affektion charakteristisch ist, nicht vorhanden war. Wenn man aber berücksichtigt, dass auch die ikterischen Lebern Eklamptischer deutlich verkleinert sein können, wie die Beobachtungen von Stumpf[8]) und Klebs zeigen, so scheint mir, dass in Berücksichtigung des Umstandes, dass einerseits die idiopathische akute gelbe Leberatrophie bei foudroyantem Verlauf ein der Eklampsie ähnliches klinisches Krankheitsbild darbietet, sowie andererseits, dass, wie die gebräuchlichen klinischen Handbücher lehren, gerade bei graviden Frauen die akute gelbe Leberatrophie relativ häufig beobachtet wird, die Vermutung nicht unwahrscheinlich, dass die mit Ikterus verbundenen Leberveränderungen, wie wir sie bei Eklamptischen beobachten, mit der idiopathischen akuten gelben Atrophie verwechselt worden sind. Die Ähnlichkeit, welche zwischen diesen beiden Erkrankungen besteht, beschränkt sich allerdings nur auf das makroskopische Aussehen, das die Leber darbietet; bei der mikroskopischen Untersuchung stellen sich dagegen bedeutsame Unterschiede heraus. Während bei der akuten gelben Atrophie der Leber, deren mikroskopische Veränderungen zuerst und am eingehendsten von Zenker, dessen Darstellung ich dieser Betrachtung aus Mangel an eigener Erfahrung zu Grunde lege, festgestellt worden sind, im Bereich der gelbgefärbten Partien das Leberparenchym in mehr oder weniger hochgradigem Zerfall begriffen ist, und im Bereich der roten Herde die Leberzellen völlig zu Grunde gegangen und nur die Gefässe übrig geblieben sind, zeigt sich bei den von uns beobachteten ikterischen Eklampsielebern, dass die gelbgefärbten Stellen, abgesehen von der Gallenstauung und der galligen Imbibition der Leberzellen, entweder gar nicht, oder nur sehr wenig (leicht getrübt oder wenig verfettet) verändert sind, die roten Herde aber ausgedehnte, im periportalen Bindegewebe und in der Substanz der Acini liegende Blutungen darstellen, in deren Bereich sich teils nekrotische, teils im Absterben begriffene Leberzellen finden. Ich möchte daher diese bei ikterischen Eklamptischen betrachteten Leberveränderungen nicht ohne weiteres der akuten gelben Atrophie zuzählen, wie es Stumpf thut.

Was die Genese des bei diesen Fällen beobachteten Ikterus anlangt, so kann ich mich der Ansicht Pilliet's⁹), dass „le mécanisme de l'ictère terminal est loin d'être élucidé", durchaus nicht anschliessen. Unsere Untersuchungen zeigen uns vielmehr eine Reihe von Veränderungen, welche für die Entstehung des Ikterus verantwortlich gemacht werden können. Einmal haben wir direkt durch die mikroskopische Untersuchung das Bestehen einer Gallenstauung nachgewiesen. Diese Gallenstauung wird meiner Meinung nach dadurch hervorgerufen, dass die kleineren Gallengänge — denn nur auf diese erstreckt sich die Stauung — durch die ausgedehnten Extravasate im periportalen Gewebe komprimirt werden. In zweiter Linie aber wird dadurch, dass durch die Hämorrhagien umfängliche Partien von Lebergewebe zerstört werden, Gelegenheit dazu gegeben, dass sich die Galle unmittelbar in die Blutbahn ergiessen kann. Drittens aber wird auch die von uns nachgewiesene Verstopfung zahlreicher Interlobularvenen nicht ohne Bedeutung für das Zustandekommen des Ikterus sein, da, worauf Frerichs ¹⁰) zuerst hingewiesen hat, hierdurch ein Sinken des Seitendruckes in den Pfortaderkapillaren eintritt, welches Veranlassung zur Gallenresorption geben kann. Man könnte mir hier den Einwand machen, dass die von uns für das Entstehen des Ikterus verantwortlich gemachten Momente deswegen nicht hinreichend zur Erklärung des Ikterus seien, weil genau dieselben Momente auch bei den ohne Ikterus verlaufenden Eklampsiefällen vorhanden sind. Hiergegen möchte ich aber bemerken, dass auch bei diesen Fällen ein Eintritt von Gallenbestandteilen ins Blut sicher stattfindet, da ich bei zahlreichen solchen Fällen Gallenfarbstoff im Urin habe nachweisen können. Meiner Ansicht nach lässt sich das Fehlen des Hautikterus in diesen Fällen darauf zurückführen, dass das Leben zu kurze Zeit erhalten blieb, als dass der Ikterus sichtbar werden konnte, oder aber dass bei wenig ausgedehnten Leberveränderungen die Menge der in das Blut eingetretenen Gallenbestandteile zu gering war, um eine deutliche ikterische Hautfärbung hervorzurufen.

Am Schlusse dieses den Leberveränderungen gewidmeten Abschnittes muss ich noch auf den schon oben kurz erwähnten Befund von Leberzellen in den Lebergefässen zurückkommen, den ich bei zahlreichen von mir beobachteten Fällen erhalten habe. Das Eintreten von Leberzellen in die Blutbahn ist schon seit einiger Zeit bekannt. Jürgens ¹¹) hat auf der Berliner Naturforscherversammlung zuerst auf das Vorkommen dieser Zellen im Herzblut und Gefässsystem der Lunge hingewiesen und darauf aufmerksam gemacht, dass, wenn eine bedeutende Verfettung der Leber vorliegt, durch das massenhafte Eintreten von verfetteten Leberzellen in die Blutbahn eine Fettembolie der Lunge zustande kommen kann. Klebs ¹²), welcher, wie bereits erwähnt, bei zwei Fällen von Eklampsie ebenfalls Leberzellen in den Blutgefässen nachweisen konnte, hat dann das Schicksal dieser Zellen weiter verfolgt und glaubt gefunden zu haben, dass diese Zellen die Kapillarität der Lungen passiren und mit dem arteriellen Blutstrom in andere Organe verschleppt werden können. Ich habe bei den von mir untersuchten Eklampsiefällen ganz ähnliche Befunde gemacht, wie sie von Klebs beschrieben worden sind, insofern ich unzweifelhafte Leberzellen nicht nur in den Lebervenen, sondern auch in den Pfortader- und Leberarterienästen, sowie in den Lungengefässen, in den Venen der Niere und des Gehirns nachweisen konnte. Auch habe ich die von Klebs in den Nieren- und Nebennierengefässen beobachteten Zellen, welche er als junge Zellbrut der direkt in den Blutstrom eingeschwemmten Leberzellen betrachtet, in verschiedenen Fällen aufgefunden. Ich hatte zuerst die Überzeugung, dass hier ausgedehnte Parenchymembolien von Leber- und Nierenzellen — denn ich hatte bei meiner Untersuchung bestimmte Anhaltspunkte dafür gewonnen, dass die von Klebs als junge Leberzellen beschriebenen Zellen als Nierenzellen angesehen werden mussten — vorlagen; allein ich glaube mich jetzt auf das bestimmteste davon überzeugt zu haben, dass die meisten dieser Zellen nicht intravital in die Gefässe hineingelangt, sondern postmortal bei der Sektion an ihren Fundort befördert worden sind. Wenn man nämlich ein Organ durchschneidet, so werden stets mehr oder weniger zahlreiche Zellen aus ihrem Zusammenhang gelöst und können entweder schon durch den beim Schneiden ausgeübten Druck mechanisch in die Gefässe hineingepresst, oder aber durch das die Schnittfläche benetzende Blut resp. durch das zum Abspülen benutzte Wasser ziemlich tief in dieselben hineingeschwemmt werden. Dass diese Argumentation den thatsächlichen Verhältnissen entspricht, davon kann man sich sehr leicht überzeugen, wenn man aus irgend einem Organ einer beliebigen Leiche kleine Stücke, wie sie ja meistens zur Fixirung und Härtung benutzt werden, herausschneidet und nach Einbettung in Paraffin oder Celloïdin[1]) in feine Schnitte zerlegt. Man wird dann je nach dem Organ, welches man gewählt hat, in den Arterien sowohl, als in den Venen (bei der Leber auch in den Pfortaderästen) mehr oder minder zahlreiche Zellen, ja selbst Zellverbände antreffen, welche mit denen des untersuchten Organs übereinstimmen (Leberzellen in den Lebergefässen, Nierenepithelien und Fragmente von Harnkanälchen in den Nierengefässen, Fetzen hohen Cylinderepithels in den Lungengefässen)[2]). Ich glaube nun, dass Klebs bei seinen Beobachtungen derartige Artefakte vorgelegen haben. Bezüglich des

---

1) Einbettung ist nötig, damit das in den Gefässen enthaltene, die Zellen umschliessende Blut nicht aus den Schnitten herausfällt.

2) In einem in Bonn (Versammlung der deutschen Gesellschaft für Gynäkologie 1891) gehaltenen Vortrag hatte ich diese Nierenzellenembolien als intravitel entstanden hingestellt. Erst nachträglich bin ich auf den schweren Irrthum aufmerksam geworden. Dr. Lubarsch (Rostock), welcher ganz ähnliche Befunde erhoben und zunächst ebenfalls eine intravitale Entstehung derselben angenommen hatte (private Mitteilungen), hält dieselben ebenfalls für Artefakte.

Befundes von Leberzellen in den Portalästen gesteht er selbst die Schwierigkeit einer plausiblen Erklärung für das Hineingelangen der Leberzellen in diese Gefässe zu; er sagt: „Eigentümlich ist allerdings dabei, dass die Einschwemmung stets in die portalen Gefässe erfolgt, während man doch eher annehmen sollte, dass dieser Strom sich gegen die Centralvene wenden müsste in der Richtung des natürlichen Blutstroms. Es wäre demnach auch möglich, dass diese kapillare Extravasation innerhalb der Acini sich erst infolge der Obstruktion von portalen Gefässen ausgebildet habe; es müsste dieselbe alsdann eine Folge der Übertragung des arteriellen Blutdruckes auf die peripheren Kapillaren des Leberläppchens sein und würde dieselbe ein Analogon der Hirnblutungen (bei Eklampsie) darstellen." Diese Erklärung scheint mir durchaus unzureichend zu sein, denn wie sollen Leberzellen in die Portalgefässe hineingelangen können, wenn letztere verlegt sind? Ich glaube, dass es sich hier um postmortal in diese Gefässe hineingeschwemmte Zellen handelt, weil ich dieselben Befunde auch in völlig normalen Lebern, bei denen keine Blutungen vorhanden waren, habe erheben können. Unzweifelhaft liegen nun aber derartige Artefakte bei den in den Nieren- und Nebennierenarterien von Klebs gefundenen und beschriebenen Zellen vor, welche er, wie erwähnt, als junge Leberzellen betrachtet; ich stehe nicht an, sie für Nieren- resp. Nebennierenzellen zu erklären, welche auf die eben von mir auseinandergesetzte Weise in die Gefässe erst postmortal hineingelangt sind. Um derartige Artefakte zu vermeiden, welche nicht nur bezüglich der hier in Rede stehenden Parenchymembolien, sondern auch für andere embolische Processe, so z. B. für die Metastase von Mikroorganismen, von Bedeutung sind, ist es durchaus nötig, unmittelbar bei der Sektion verhältnismässig grosse Stücke aus den zu untersuchenden Organen herauszuschneiden und erst, wenn sie gründlich durchgehärtet sind, aus den centralen Teilen vorsichtig mit scharfem Rasirmesser Stückchen zur mikroskopischen Untersuchung zu entnehmen; wenn man dann weiterhin die den obersten Schichten dieser Stücke entnommenen Schnitte ausschliesst, so kann man nach den Erfahrungen, welche ich auf Grund zahlreicher Kontroluntersuchungen gewonnen habe, sicher die oben erwähnten Artefakte vermeiden.

Unter Einhaltung dieser Kautelen habe ich nun meine Untersuchungen auf Parenchymembolien, speciell auf die hier zunächst in Rede stehenden Leberzellenembolien angestellt, und habe Leberzellen nur in den Lebervenen, in der Lungenarterie und Kapillaren, in denen ich sie, ebenso wie im Herzblut, bei der frischen Untersuchung gefunden hatte, sowie in einzelnen Fällen auch in den Venen der Niere und des Gehirns nachweisen können, während mir im arteriellen und portalen Gefässsystem der Leber, sowie in dem Arteriensystem anderer Organe niemals Zellen begegnet sind, welche ich mit Sicherheit als Leberzellen hätte ansprechen können. Wie erklärt sich aber der unter diesen Verhältnissen in hohem

Grade auffällige Befund von Leberzellen in den Gehirn- und Nierenvenen? Ich halte es in hohem Grade für unwahrscheinlich, dass diese Zellen nach Passirung der Kapillarität der Lungen und der derjenigen Organe, in deren Venen sie lagen, an ihren Fundort gelangt sind, zumal sie noch verhältnismässig gut erhaltene Konturen zeigten und mitunter zu zweien oder dreien zusammenhingen. Hier scheint mir nur die Möglichkeit zulässig, dass sie durch retrograde venöse Embolie an ihren Fundort befördert worden sind. An dem thatsächlichen Vorkommen eines derartigen retrograden Transports von festen, in der venösen Blutbahn enthaltenen Partikelchen kann beim Menschen nach den Untersuchungen von Heller[13]), von v. Recklinghausen[14]) und Arnold[15]) nicht mehr gezweifelt werden. Wenn wir nun bedenken, dass gerade bei der Eklampsie während der mit hochgradigen Stauungen verbundenen Anfälle die günstigsten Bedingungen für eine Umkehr des venösen Stromes gegeben sind, so kann es nicht wunderbar erscheinen, dass Leberzellen, welche nach unseren Untersuchungen sicher im Blute der unteren Hohlader und im Herzen vorhanden sind, durch eine rückläufige Blutwelle in die Nieren- resp. in die Gehirnvenen geschleudert werden.

Wenn ich mich nun den Veränderungen zuwende, welche ich an den Nieren der von mir beobachteten Eklampsiefälle gefunden habe, so muss ich an erster Stelle betonen, dass bei der makroskopischen Untersuchung diese Organe ein recht verschiedenes Bild darboten; am häufigsten habe ich in Übereinstimmung mit anderen Autoren blasse, grauweisse, seltener graugelblich gefärbte Nieren gefunden, doch sind mir auch graurote, normal gefärbte und tief dunkelrote Nieren wie bei akuter Stauung begegnet. In der grössten Mehrzahl der Fälle überschritten diese Organe die normalen Grössenverhältnisse gar nicht oder nur sehr wenig; nur in einem Falle wurde eine beträchtliche Verkleinerung konstatirt, welche auf eine länger bestehende interstitielle Nephritis zu beziehen war. In Betreff der Konsistenz der Nieren kamen ebenfalls beträchtliche Schwankungen vor, doch habe ich bei meinen Untersuchungen den Eindruck gewonnen, dass man häufiger festen, prallen Nieren bei Eklamptischen begegnet, als schlaffen und weichen. Der Blutgehalt schwankte je nach der Farbe, die die in Rede stehenden Organe darboten; meist war er ein geringer, und zwar war die Rinde gegenüber der Marksubstanz oft auffallend anämisch. Erstere war intensiv getrübt und verwaschen, undeutlich gezeichnet und bei mehreren Fällen der Sitz von kleinsten, punktförmigen Ekchymosen. In zwei Fällen endlich fanden sich in der Rinde mehrere kleine, erbsengrosse Infarkte.

Bei der mikroskopischen Untersuchung der Nieren wurden konstant Veränderungen am secernirenden Parenchym und an den Gefässen gefunden. Was zunächst die ersteren anlangt, so waren sie in den einzelnen Fällen in verschiedenem Grade ausgebildet: stets aber handelte es sich um degenerative Processe an den Epithelien. Bei einem Falle lag fast lediglich eine sehr starke trübe Schwellung der Epithelien des Nierenlabyrinthes vor, welche selbstverständlich an den den frischen Organen entnommenen Schnitten am deutlichsten hervortrat, an dem gehärteten Präparat dagegen bemerkte man in den Epithelien meist keine Veränderungen, nur hier und da stiess man auf kernlose oder von der Wand abgestossene Epithelien, welche unregelmässig konturirt waren. Man hätte die Niere für völlig gesund halten können, wenn nicht die später zu beschreibenden Veränderungen am Gefässsystem, sowie ein das Lumen der Glomeruluskapseln und zahlreicher Harnkanälchen ausfüllendes Exsudat, welches teils aus feinsten körnigen Massen, teils aus hyalinen Cylindern bestand, darauf hingewiesen hätten, dass hier intra vitam schwere Funktionsstörungen vorhanden gewesen sein mussten. Bei den übrigen Fällen aber waren konstant mehr oder minder schwere Veränderungen an dem das Nierenlabyrinth auskleidenden Epithel nachweisbar. Dasselbe war in mehr oder weniger grosser Ausdehnung völlig kernlos, gequollen, z. T. in seinem Zusammenhange gelockert, z. T. auch von der Wand abgestossen. In einigen Fällen war diese Epithelnekrose so ausgedehnt, dass man Mühe hatte, Stellen aufzufinden, welche noch kernhaltiges, aber meist auch schon stark getrübtes Epithel enthielten; in anderen Fällen trat aber die Epithelnekrose mehr herdförmig auf, aber auch hier zeigten die noch kernhaltigen Epithelien meist eine hochgradige trübe Schwellung. Ich brauche nicht zu erwähnen, dass in allen diesen Fällen exsudative Vorgänge in dem Lumen der Harnkanälchen nicht fehlten. An den Glomerulis habe ich in den meisten Fällen mit Ausnahme feinkörniger Eiweissniederschläge in die Kapselhohlräume keine Veränderungen nachweisen können, nur in einigen wenigen Fällen bestand eine Schwellung und Trübung des Epithels, hie und da wurden wohl auch nekrotische und abgestossene Zellen beobachtet; aber das waren nur ausnahmsweise Befunde. Eine ausgedehnte fettige Degeneration der Harnkanälchen und Glomerulusepithelien, wie sie Leyden[16]) bei manchen Eklampsienieren gefunden hat, habe ich bei den meisten Fällen meiner Beobachtungsreihe vermisst; es fanden sich allerdings bei verhältnismässig zahlreichen Fällen vereinzelte, mit kleinen Fetttröpfchen erfüllte Epithelien, aber diese Verfettung war weder so ausgesprochen, noch so ausgedehnt, dass ich sie in den Vordergrund stellen und sie als etwas für die Eklampsieniere Charakteristisches ansehen möchte. Nur in einigen wenigen Fällen, in denen die Eklampsie einen protrahirten Verlauf genommen hatte, und bei denen infolge dessen längere Zeit die Chloroformnarkose in Anwendung gekommen war, bestand eine hochgradige Verfettung. Ich glaube aber, dass hierbei die Verfettung auf die lange dauernde Chloroformnarkose zu beziehen ist; wissen wir doch aus zahlreichen Experimentaluntersuchungen, dass gerade dieses Narkotikum bei längerer Applikation zu ausgedehnten fettigen Degenerationen innerer Organe Veranlassung giebt. Als Stütze für meine Ansicht möchte ich anführen, dass ich in einigen anderen, ebenfalls protrahirt verlaufenen Fällen, welche nur mit Morphium behandelt worden waren, ähnliche hochgradige Verfettungen vermisst habe. Bemerkenswert ist fernerhin der Befund, den ich bei einem ebenfalls sehr protrahirten Fall an den Nieren erhalten habe. Hier fand sich nämlich eine ganz hochgradige Verkalkung der Epithelzellen der gewundenen Kanälchen und der Henle'schen Schleifen in einer Ausdehnung, wie sie bei Sublimatintoxikation beobachtet wird. Da hier eine Sublimatvergiftung, für welche weder der übrige anatomische Befund noch auch die eingehenden, post mortem eingezogenen Erkundigungen Anhaltspunkte ergaben, absolut ausgeschlossen erscheint, so muss der Grund für diese bei Eklampsie jedenfalls extrem seltene Nierenveränderung in besonderen Umständen gesucht werden. Besonders möchte ich dafür die lange Dauer der Krankheit, welche sich allerdings mit tageweisen Unterbrechungen auf zehn Tage erstreckte, verantwortlich machen; denn nach meinem Dafürhalten haben wir in der Verkalkung nur den letzten Ausgang der auch bei den meisten übrigen Fällen gefundenen Epithelnekrose zu sehen. Ich will damit durchaus nicht die Ansicht vertreten, dass jede Epithelnekrose der Niere schliesslich zur Verkalkung führen müsse, aber in der Eklampsieniere liegen die Verhältnisse für den Eintritt einer solchen besonders günstig wegen der am Gefässsystem nachweisbaren Veränderungen. Es fanden sich nämlich in denselben in einigen Fällen ausgedehnte, in anderen aber nur spärliche Gefässverstopfungen. Schon bei der Untersuchung von den dem frischen Organ entnommenen Schnitten findet man sehr häufig, dass zahlreiche Kapillaren und kleine Venen so vollgestopft sind mit roten Blutkörperchen, dass dieselben unter Verschwinden ihrer Konturen zu einer homogenen, roten, glasigen Masse zusammengesintert sind, welche das Lumen der betreffenden Gefässe prall ausfüllt. Es handelt sich also um hochgradige Stasen; als rote Thromben möchte ich diese Pfröpfe deswegen nicht bezeichnen, weil man im gehärteten Präparat, in dem man, besonders wenn man Fixirung in Sublimat angewendet hat, diese homogenen mit Eosin sich ziegelrot färbenden Massen leicht wiedererkennt, selbst an den dünnsten Paraffinschnitten weder feinfädiges Fibrin, noch feinkörniges Material (Plättchen) findet. An gehärteten Präparaten überzeugt man sich aber leicht, dass ausser diesen Stasen noch typische Thromben vorhanden sind, welche teils die Kapillaren und kleineren Venen, teils aber auch die kleinsten Arteriolen verlegen und teils wandständig, teils obturirend auftreten. Diese Thromben bestehen meist aus feinkörnigem Material, welches mehr oder minder zahlreiche rote und weisse Blutkörperchen einschliesst — Plättchenthromben, teils aber aus glänzenden, teils homogenen, teils feinstreifigen hyalinen Massen, welche sich mit Eosin und Carmin leuchtend rot, bei Anwendung der Weigert'schen Fibrinfärbung tiefblau färben — hyaline und fibrinöse Thromben. Gemischten, aus einem Fibrinnetz, roten und weissen Blutkörperchen sich aufbauenden Pfröpfen bin ich dagegen nur ganz ausnahmsweise begegnet.

Das interstitielle Gewebe war in vielen Fällen vollständig normal, insbesondere fehlten Rundzellenherde gänzlich, auch war ein stärkeres Ödem, welches sich in Kochpräparaten hätte leicht nachweisen lassen müssen, nicht vorhanden. In anderen Fällen aber war das interstitielle Gewebe der Sitz von spärlichen Rundzellenherden, welche meist in der Umgebung kleiner Venen und Kapillaren gelegen waren. Nur in zwei Fällen fanden sich ausgedehnte Infiltrate, welche hier durch die Anwesenheit von embolisch zugeführten Mikroorganismen ihre Erklärung fanden. Die oben erwähnten Blutungen lagen teils im interstitiellen Gewebe in der Umgebung prall gefüllter oder thrombosirter Gefässe, teils im Lumen der Harnkanälchen und der Glomeruli.

Einer besonderen Erwähnung bedürfen noch die in zwei Fällen gefundenen Infarkte. Ein Teil derselben war sicher embolischen Ursprungs, da sich an Serienschnitten der verstopfte Arterienast nachweisen liess. In zwei anderen Fällen aber konnte, da die zuführende Arterie offen war, ein embolischer Ursprung ausgeschlossen werden. Hier fanden sich ganz ähnliche Verhältnisse, wie sie von v. Recklinghausen [17]) in zwei Fällen beschrieben worden sind, von denen der eine infolge einer Blutransfusion zu Grunde gegangen war, der andere ein an Pleuritis verstorbenes Individuum betraf. Die innerhalb der infarcirten Partien gelegenen kleinen Arterienstämmchen waren mit einer aus glänzenden hyalinen Massen bestehenden Schicht ausgekleidet, welche der Intima fest auflag und in ihrer Dicke wechselte, mitunter aber das Gefässlumen bis auf einen schmalen Spalt völlig verlegte; die intertubulären Kapillaren waren teils leer, teils mit hyalinen Thromben erfüllt, ebenso die Glomeruli.

Ich schliesse mich in betreff der Genese dieser Veränderungen der von v. Recklinghausen gegebenen Erklärung an, dass die Gerinnung in den kleinsten Gefässen begonnen hat und nach den Arterien zu aufgestiegen ist.

Endlich habe ich noch eines bei drei Fällen am Gefässsystem der Niere erhobenen Befundes Erwähnung zu thun, nämlich einer Fettembolie, welche in einem Falle nur wenig ausgedehnt war, in den beiden anderen Fällen sich aber auf den grössten Teil der Glomeruli erstreckte und auch die intertubulären Kapillaren in Mitleidenschaft zog. Diese zuerst von Virchow bei Eklampsie gefundene Veränderung steht in engster Beziehung zu der gleichen Veränderung in der Lunge.

In diesem Organ scheint bei Eklampsie nach meinen Beobachtungen eine mitunter recht ausgedehnte Fettembolie nicht zu den Seltenheiten zu gehören, da ich sie bisher fünfmal habe nachweisen können.[1]) Was die Quelle anbetrifft, aus welcher das Fett stammt, so kommt meiner

---

1) Die Fettembolie findet sich nicht nur bei eklamptischen Puerperae, sondern wurde auch, wie Kontroluntersuchungen ergaben, an zwei an Uterusruptur gestorbenen Frauen, sowie bei einer an Verblutung gestorbenen Puerpera beobachtet.

Ansicht nach hier teils das subcutane Fettgewebe, welches ja während der eklamptischen Anfälle vielfachen und zum Teil sehr ausgedehnten Quetschungen unterworfen ist, teils das während des Geburtsaktes zerquetschte Fett des Beckenbindegewebes und der Geburtswege in Betracht. Dagegen kann ich die Leber, welche Jürgens in manchen Fällen von Eklampsie als Ausgangspunkt der Fettembolie angesehen hat, nicht als Ursprungsort des Fettes betrachten, da dieselbe bei den hier in Rede stehenden Fällen eine stärkere Verfettung nicht erkennen liess.

Was die übrigen an den Lungen erhobenen Befunde anlangt, so will ich hier wieder der Übersichtlichkeit wegen die am eigentlichen Parenchym und die am Gefässsystem gefundenen Veränderungen gesondert besprechen.

In betreff der ersteren ist zunächst zu erwähnen, dass bei einer grösseren Anzahl von Fällen ausgedehnte Pneumonien, welche meist in einem oder auch in beiden Unterlappen lokalisirt waren und ihrem anatomischen Charakter nach als katarrhalische bezeichnet werden mussten, vorhanden waren. Dieselben waren ebenso wie die bei zwei Fällen gefundenen multiplen Abscesse durch die sekundäre Ansiedelung von entzündungserregenden Mikroorganismen, Staphylokokken und Streptokokken, welche durch Aspiration von Mundinhalt auf das Feld ihrer Thätigkeit gelangt sein dürften, veranlasst. Diese Mikroben liessen sich in Schnittpräparaten regelmässig nachweisen. Abgesehen von diesen offenbar erst sekundär entstandenen entzündlichen Processen und völlig unabhängig von ihnen, fanden sich noch zwei Arten, wie mir scheint, nicht unwichtiger Veränderungen. Einmal nämlich mehr oder minder ausgedehnte erbsen- bis kirschgrosse Blutungen. Dieselben lagen teils in den centralen Teilen der Lungen, teils aber subpleural und ähnelten durch ihre mitunter exquisit keilförmige Gestalt hämorrhagischen Infarkten, von denen sie sich aber durch ihre weniger scharfe Abgrenzung, durch ihr lockeres Gefüge und ihre bedeutend hellere Farbe unterschieden. Auch bei der mikroskopischen Untersuchung traten, wenn auch weniger prägnante Unterscheidungsmerkmale hervor: während nämlich bei den typischen hämorrhagischen Infarkten, wie man sie bei Herzfehlern findet, die roten Blutkörperchen im Lumen der Alveolen meist so dicht liegen, dass ihre Konturen stellenweise verschwinden, fand sich hier meist eine viel weniger dichte Ausfüllung der Alveolen mit roten Blutkörperchen, welche teils noch gut erhalten und mit Eosin gut färbbar waren, teils aber schon geschrumpft erschienen und der Eosinfärbung nicht mehr zugänglich waren; in letzterem Falle lagen sie meist in einem aus feinen Fasern bestehenden, fibrinösen Netzwerk eingebettet.

Bei der zweiten Art von parenchymatösen Veränderungen, welchen ich in den Lungen mehrerer Eklamptischer begegnet bin, handelt es sich um einen exsudativen Process, welcher teils in kleinen, nur mikroskopisch

Schmorl, Eklampsie.

nachweisbaren Herden auftritt, teils aber über grössere Partien eines Lappens ausgebreitet ist und dann meist schon bei der makroskopischen Besichtigung durch die feste Konsistenz, die graugelbliche oder grauweisse Farbe und die trockene, mitunter etwas körnige Beschaffenheit der Schnittfläche erkennbar ist. Bei der mikroskopischen Untersuchung stellen sich diese Veränderungen unter einem ähnlichen Bilde dar, wie die allerersten Anfangsstadien einer croupösen Pneumonie (Fig. 4). Man findet nämlich in den Alveolen eine fibrinöse Ausscheidung, die teils in Form eines schmalen glänzenden Bandes die Oberfläche der Alveolen auskleidet, teils aber als feines, zartes Netzwerk den ganzen Alveolarhohlraum durchzieht; während aber bei der croupösen Pneumonie stets in diesem Fibrinnetz mehr oder minder reichliche weisse und rote Blutkörperchen, sowie desquamirte Lungenepithelien eingeschlossen liegen, ist bei den uns hier beschäftigenden Veränderungen für gewöhnlich von einer Rundzellenanhäufung oder einer Abstossung der Epithelien nichts bemerkbar, letztere scheinen vielmehr einer hyalinen Metamorphose zu unterliegen und an der Bildung des oben erwähnten glänzenden Bandes teilzunehmen. Ich vermutete zunächst, als ich diese eigentümliche Exsudation sah, dass sie durch Mikroorganismen bedingt sein möchte; allein diese Annahme erscheint mir wenig wahrscheinlich; absolut ausschliessen kann ich sie aber nicht, da ich aus den betreffenden Herden keine Kulturversuche angestellt habe. In Schnittpräparaten aber, welche ich den verschiedensten Lungenabschnitten und den verschiedenen Lungen, in welchen ich die genannten Veränderungen überhaupt gefunden, entnahm, ist es mir niemals gelungen, Mikroorganismen aufzufinden; auch scheint mir das Fehlen jeder Leukocytansammlung gegen die Annahme eines mykotischen Ursprungs zu sprechen. Ich glaube vielmehr, dass diese Veränderungen abhängig sind von der ausgedehnten Kapillarthrombose, welche in dem ganzen Bereich der eben beschriebenen Veränderung nachweisbar war. Dies führt mich zu den Veränderungen, welche am Gefässsystem der Lunge gefunden wurden, und welche nach meinem Dafürhalten auch für die Genese der meisten Blutungen verantwortlich zu machen sind.

Gerade ebenso wie in der Leber und Niere finden sich auch in den Lungen Eklamptischer ausgedehnte Thrombosen, welche aber hier nicht nur die Kapillaren und die kleinsten arteriellen und venösen Gefässe betreffen, sondern sich auch auf verhältnismässig grosse Gefässe erstrecken (Fig. 5). In den Kapillaren finden sich neben ausgedehnten Stasen meist hyaline Thromben, ebenso in den kleinsten venösen Gefässen; in den grösseren arteriellen und venösen Gefässen aber begegnet man teils wandständigen, teils total obturirenden Thromben der verschiedensten Zusammensetzung. Bald bestehen die Pfröpfe aus feinkörnigen, sich mit Hämatoxylin und Eosin bläulichgraurot färbenden Massen, welche ich als Blutplättchen ansprechen möchte, bald finden sich Thromben, die aus Blutplättchen und weissen Blutkörperchen zusammengesetzt sind, derart, dass die der Gefässwand anliegenden Teile aus Blutplättchen, die centralen Teile aus zahlreichen weissen und ganz spärlichen roten Blutkörperchen bestehen; in anderen Gefässen wieder trifft man auf Gerinnungen, welche ihrer Hauptmasse nach sich aus feinen Fibrinfäden und spärlichen weissen und roten Blutkörperchen aufbauen; andere Thromben endlich zeigen einen deutlich geschichteten Bau derart, dass zwischen mehr oder minder dicken, aus hyalinem und feinfädigem Material bestehenden Lagen dünne, nur aus roten Blutkörperchen und zahlreichen Leukocyten bestehende Schichten eingebettet liegen. Diese Thrombosen finden sich an denjenigen Stellen am häufigsten, an denen die oben erwähnten Veränderungen an den Alveolen nachweisbar sind, mitunter werden sie aber auch in Lungenabschnitten gefunden, an denen keine Läsionen erkennbar sind.

Die eben besprochenen Thromben schliessen nun sehr häufig die schon oben erwähnten Leberzellen ein, welche jedoch auch in nicht thrombosirten Gefässen gefunden werden. Ausser diesen Leberzellen bin ich in den arteriellen Gefässen und in den Kapillaren der Lungen Eklamptischer noch anderen, höchst eigentümlichen Zellformen begegnet (Fig. 7 a, b; 8 a, b; 9 a, b; 10 a, b; 11 a, b;). In allen Fällen von Eklampsie nämlich, bei welchen der Tod entweder intra partum oder kurze Zeit port partum eingetreten war, fanden sich am zahlreichsten in den Kapillaren, weniger häufig in den grösseren arteriellen Gefässen grosse, vielkernige Zellen. Dieselben lagen teils locker im Kapillarlumen derart, dass ihre Konturen durch einen schmalen, mitunter von roten Blutkörperchen ausgefüllten Spalt sich scharf von der Kapillarwand abgrenzten; teils aber waren sie derartig fest in das Kapillarlumen eingekeilt, dass dasselbe, da die Konturen der Zelle nicht mehr deutlich erkannt werden konnten, durch einen Haufen von Kernen verstopft erschien. Diese Zellen zeigten eine recht verschiedene Form; teils waren sie rund, teils oval, teils ziemlich stark in die Länge gezogen, nicht selten über eine Fläche gebogen, so dass sie im optischen Querschnitt convex-concav erschienen. Auch in ihrer Grösse traten recht beträchtliche Verschiedenheiten hervor. Der deutlich erkennbare, scharf konturirte, mit Eosin nur schwach tingirbare Protoplasmaleib dieser Zellen schliesst fast stets eine grosse Menge (6—15) Kerne, die beinahe immer im Centrum der Zelle dicht neben und über einander liegen, ein. Letztere sind meist oval, seltener rund und heben sich durch ihre intensive Färbbarkeit ausserordentlich scharf von den übrigen Zellen ab, so dass es, wenn man einmal auf diese Zellen aufmerksam geworden ist, nicht schwer fällt, sie selbst mit schwachen Systemen leicht und sicher aufzufinden. Ausser durch ihr Verhalten gegen die kernfärbenden Farbstoffe besitzen diese Kerne auch in den zahlreichen feinen, meist ganz gleichmässig über die ganze Kernsubstanz verteilten, runden Nukleolen ein sie vor allen übrigen in den Lungen vorkommenden Zellenkernen auszeichnendes Gepräge.

Wie sind nun diese Zellen, welche meist ziemlich gleichmässig über beide Lungen verteilt und häufig äusserst zahlreich vorhanden sind, zu deuten? Der Umstand, dass sie nur im arteriellen Gefässsystem der Lunge gefunden wurden, lässt nur die zwei Annahmen zu: entweder dass sie im venösen Stromgebiet des Körpers oder der Lungengefässbahn selbst gebildet wurden, oder dass sie ebenso wie die Leberzellen als fremde Elemente an irgend einem Punkte in die venöse Blutbahn hineingelangten und mit dem Blutstrom den Lungen zugeführt wurden.

Man könnte zunächst daran denken, dass es sich hier um zu grösseren Klumpen zusammengeballte weisse Blutkörperchen handeln möchte, allein diese Annahme scheint mir völlig unhaltbar, weil diese Zellen nur im arteriellen Gefässgebiet der Lunge gefunden wurden, und man doch, wenn in der That bei der Eklampsie eine eigentümliche, allerdings bisher noch nicht beobachtete Verklebung von Leukocyten im strömenden oder stagnirenden Blute zustande käme, erwarten sollte, dass ähnliche Gebilde auch im Gefässsysteme anderer Organe sich finden müssten, was, wie erwähnt, durchaus nicht der Fall ist, mit Ausnahme der später zu besprechenden Eintrittspforte dieser Zellen in die Blutbahn; zweitens steht aber auch die Form und der ganze Habitus der Zellen der Annahme einer solchen Konglutination entgegen, insbesondere erscheint es in hohem Grade unwahrscheinlich, dass der scharf konturirte protoplasmatische Leib dieser Zellen, welcher völlig homogen erscheint, durch die supponirte Verschmelzung von weissen Blutkörperchen hervorgegangen ist; ferner ist aber auch die Grösse und das sonstige morphologische Verhalten der Kerne dieser Zellen mit einer derartigen Anschauung durchaus nicht in Einklang zu bringen.

Man könnte ferner annehmen, dass sie aus Elementen der Gefässbahn, besonders aus den Endothelien sich gebildet, durch den Blutstrom fortgeschwemmt und in der Lungenkapillarität gleichsam abfiltrirt worden seien. Wenn diese Annahme richtig wäre, so müsste sich die Ursprungsstelle dieser Zellen im venösen Gefässgebiet nachweisen lassen. Da sich dieselben aber nur in den Lungengefässen finden, so müsste die Lungenarterien- resp. Kapillarbahn selbst die Bildungsstätte derselben sein, d. h. es müssten sich Proliferationserscheinungen am Gefässendothel nachweisen lassen; da aber letztere nirgends vorhanden waren, und da, wenn man die oben erwähnten fest in das Kapillarlumen eingekeilten Zellen als solche deuten wollte, es völlig unerklärt bliebe, durch welchen Mechanismus diese Zellen, welche die Blutcirculation in den sie enthaltenden Gefässen völlig unmöglich machen würden, von der Gefässwand losgelöst und in der dem Blutstrom entgegengesetzten Richtung in die grösseren arteriellen Gefässe eingeführt worden wären, so scheint mir auch diese Annahme jeder Begründung zu entbehren. Unter diesen Umständen ist nur die zweite der oben angeführten Möglichkeiten zulässig, nämlich diese Zellen ebenso wie die oben erwähnten Leberzellen als dem Blute und dem Gefässsystem fremde Elemente anzusehen, welche an irgend einem Punkte in das venöse Stromgebiet hineingelangten und mit dem Blutstrom embolisch in die Lunge hineingeschwemmt wurden. Wo ist aber der Ursprungsort dieser vielkernigen Zellen oder, wie ich sie kurz nennen will, dieser Riesenzellen zu suchen?

Meines Erachtens nach können hier nur zwei Organe in Betracht kommen: einerseits das Knochenmark, andererseits der Uterus und die Placenta, weil diese Organe die einzigen sind, in denen derartige Zellformen vorkommen. Von diesen beiden Organen kann nach meinen Untersuchungen das Knochenmark als Ausgangspunkt dieser Zellembolien ausgeschlossen werden. Denn, wenn hier die Quelle für die in Rede stehenden Zellembolien zu suchen wäre, so müssten sich in demselben Gefässrupturen und entsprechende Blutungen finden, durch welche den in den Markräumen enthaltenen, also extravaskulär gelegenen Riesenzellen erst der Eintritt in die Blutbahn ermöglicht würde. Dies ist aber durchaus nicht der Fall. Ich habe selbstverständlich nicht das Mark sämmtlicher Knochen bei den von mir beobachteten Eklampsiefällen untersuchen können, ich habe aber doch bei einer grösseren Reihe von Fällen dasselbe an einer Anzahl von Knochen einer genaueren makroskopischen und mikroskopischen Besichtigung unterzogen, ohne auch nur einmal auf eine Blutung zu stossen.

Es bleibt demnach nur noch die Annahme übrig, dass die Decidua oder die Placenta der Ausgangspunkt für diese Zellenembolien ist. Erstere als den Mutterboden der in Rede stehenden Zellen anzusehen, erscheint mir wenig wahrscheinlich, denn abgesehen davon, dass die decidualen Riesenzellen in ihrem morphologischen Verhalten, insbesondere in Bezug auf die intensive Färbbarkeit und die Struktur der Kerne weniger Ähnlichkeit mit den in der Lunge befindlichen Zellen zeigen, als dies bei den placentaren Riesenzellen der Fall ist, muss hier noch der Umstand berücksichtigt werden, dass die Deciduazellen extravaskulär liegen und demnach nur dann in die Uterinvenen gelangen können, wenn sie durch Blutungen aus dem Zusammenhange mit dem übrigen Deciduagewebe gelöst sind. Dies ist nun thatsächlich bei denjenigen Eklamptischen der Fall, bei denen der Tod erst post partum erfolgt ist. Ich möchte daher, wenngleich es wahrscheinlich ist, dass die Trümmer des Deciduagewebes mit dem aus den Uterusgefässen ausströmenden Blut grösstenteils nach aussen in die Uterushöhle gespült werden, die Möglichkeit, dass gelegentlich vereinzelte Deciduazellen, und zwar besonders bei partieller Lösung der Placenta, in die Uterinvenen hineingelangen, nicht strikte von der Hand weisen. Als Hauptquelle der Zellenembolien aber muss meiner Überzeugung nach die Placenta angesehen werden, und zwar sind es hier die den Zotten aufsitzenden vielkernigen, von Kölliker als Epithelknospen bezeichneten Zellen, welche vom Blutstrome abgelöst, in die Lungen eingeschwemmt und hier gleichsam abfiltrirt werden, da sie wegen ihrer Grösse die Lungenkapillarität nicht zu passiren vermögen. Für diese Annahmen sprechen folgende wichtige Momente:

1. liegt bei diesen Zellen die Möglichkeit, dass sie von dem Blutstrom losgerissen und weggespült werden, besonders nahe, weil sie unmittelbar in Hohlräume hineintauchen, welche mit strömendem Blute erfüllt sind;

2. stimmen die in den Lungengefässen sich findenden Zellen, worauf ich schon oben hingewiesen habe, in ihrem morphologischen Verhalten völlig mit den placentaren Riesenzellen überein;

3. habe ich diese Zottenriesenzellen auf ihrem Wege von der Placenta bis in die Lunge in allen den Fällen, bei denen der Tod ante partum erfolgte, verfolgen können; denn ich habe sie nicht nur freiliegend in den intervillösen Räumen gefunden, sondern ich habe sie auch in den Venen der Uteruswand, sowie im frischen Herzblut nachweisen können. Gerade bei diesen Fällen konnten deciduale Riesenzellen kaum in Betracht kommen, weil die Placenta der Uterusinnenfläche noch überall fest aufsass und Blutungen an der uterinen Seite der Placenta nicht nachweisbar waren;

4. habe ich bei mehreren Fällen in kleinen Lungenarterienästen kleine kubische, zu zweien, dreien oder vieren zusammenhängende Epithelien gefunden, welche in ihrem morphologischen Verhalten völlig mit den Zottenepithelien übereinstimmten und wohl nur als abgelöste und mit dem Blutstrom fortgeschwemmte Epithelien zu deuten sind. Endlich ist es mir, allerdings nur in einem Falle, gelungen, in einem etwas grösseren arteriellen Gefäss der Lunge eine Riesenzelle aufzufinden, mit welcher mehrere Zottenepithelien zusammenhingen.[1])

Wenn es demnach im höchsten Grade wahrscheinlich erscheinen muss, dass bei Eklampsie placentare, also fötale Zellen in den mütterlichen Organismus hineingeraten, so knüpft sich daran die weitere Frage, durch welche Momente die Loslösung dieser Zellen von ihrem Mutterboden veranlasst wird.

Ich glaube, dass hierfür im wesentlichen Placentarerkrankungen verantwortlich gemacht werden müssen. Schon Wiedow [18]) hat darauf hingewiesen, dass bei Eklampsie recht häufig Placentarveränderungen vorkommen, welche er in Beziehung zur Albuminurie und Schwangerschaftsnephritis bringt. Dieselben erscheinen nach den Untersuchungen Wiedow's als zahlreiche gelbweisse, teils in der Placenta materna, teils an der Oberfläche der Placenta foetalis sitzende Knoten, welche sich

---

1) In anthrakotischen Lungen finden sich mitunter im Innern von Alveolen grosse, vielkernige Zellen, welche mehr oder minder reichlich mit Staub beladen sind. Diese Staubriesenzellen dürften kaum mit den in Rede stehenden Placentarzellen verwechselt werden, da die ersteren stets blass gefärbte Kerne besitzen, ferner im Protoplasma Staubkörnchen enthalten und endlich ausserhalb der Gefässbahn in den Alveolen liegen, Eigenschaften, welche den placentaren Riesenzellen abgehen.

mikroskopisch als das Produkt einer Coagulationsnekrose darstellen. Ich kann die Mitteilung des genannten Autors in jeder Beziehung bestätigen. Ich habe allerdings bisher nur bei einem Teil der von mir beobachteten Eklampsiefälle die Placenta einer eingehenden mikroskopischen Untersuchung unterzogen, aber in diesen Fällen habe ich konstant neben älteren weissen Infarkten multiple, teils schon bei der makroskopischen Untersuchung erkennbare, teils kleine, erst mikroskopisch nachweisbare, frische nekrotische Herde und ziemlich ausgedehnte Blutungen in der Zottensubstanz gefunden. Selbstverständlich können diese Herde, welche völlig kernlos erscheinen, nicht als die Ausgangspunkte der in Rede stehenden Zellenembolien angesehen werden. In ihrer Umgebung aber findet sich sehr häufig eine Auflockerung und eine ausgedehnte Desquamation des die Zotten überkleidenden Epithellagers, und ich glaube, dass hier die Hauptquelle für die in die mütterliche Blutbahn eindringenden Zellen zu suchen ist.

Es erhebt sich nunmehr die Frage: Haben wir in diesen Placentarzellenembolien ein der Eklampsie eigentümliches Vorkommniss zu erblicken, oder hat dasselbe auch bei anderen, besonders bei schweren, langandauernden Geburten statt? Soweit meine, allerdings sich auf nicht allzu zahlreiche Beobachtungen stützende Erfahrung reicht, scheint es allerdings, als wenn diese ausgedehnten Placentarzellenembolien nur bei Eklampsie vorkommen. Ich habe bisher vier Fälle zu untersuchen Gelegenheit gehabt, welche kurze Zeit post partum den Exitus letalis genommen hatten, und zwar zwei infolge von Verblutung gestorbene Fälle und zwei Fälle von Uterusruptur; ich habe aber bei keinem einzigen Placentarzellenembolien nachweisen können, trotzdem ich zahlreiche, aus den verschiedensten Lungenabschnitten entnommene Stücke der eingehendsten Untersuchung unterzogen habe. Wenngleich ich diesen wenig zahlreichen Kontroluntersuchungen keine allzu grosse Bedeutung für die hier in Rede stehende Frage beizumessen geneigt bin, so glaube ich aus ihnen doch den Schluss ziehen zu dürfen, dass, wenn überhaupt bei nicht eklamptischen Frauen Placentarzellen embolisch verschleppt werden, ein so massenhaftes Eindringen dieser Zellen in die Blutbahn, wie wir es bei Eklampsie gefunden haben, sicher nicht vorkommt.

Ich wende mich nunmehr den Befunden zu, die ich am Centralnervensystem der von mir beobachteten Eklampsiefälle erhoben habe. Hier muss ich nun gegenüber den Angaben in der Litteratur zuvörderst hervorheben, dass ich bei zahlreichen Fällen im Gehirn schon bei der makroskopischen Untersuchung auffallende Veränderungen gefunden habe, bestehend in mitunter nur vereinzelten, mitunter aber auch multiplen Blutungen, welche teils in den weichen Hirnhäuten, teils in der Hirnrinde und den Centralganglien, seltener in der weissen Marksubstanz ihren Sitz hatten. Dieselben waren allerdings in der Mehrzahl der Fälle sehr wenig umfangreich und überschritten nur selten die Grösse eines Stecknadelkopfes; nur in einem Falle handelte es sich um eine sehr ausgedehnte Hämorrhagie, welche den ganzen linken Stirnlappen zertrümmert und zu einer ausgedehnten blutigen Infiltration der weichen Häute geführt hatte. Von weiteren, schon bei der makroskopischen Untersuchung erkennbaren Veränderungen möchte ich ausser dem in mehreren Fällen hochgradigen Ödem noch zwei Befunde erwähnen: einmal den durch einen aus einer mittelgrossen Lungenvene stammenden Embolus herbeigeführten Verschluss der beiden Carotides communes in Fall X und die bei Fall XIV notirte Sinusthrombose, welche sich auf mehrere oberflächliche, mittelstarke Piavenen fortgesetzt hatte.

Diese bei der Untersuchung am Sektionstisch gewonnenen Erfahrungen liessen erwarten, dass die mikroskopische Untersuchung noch weitere Veränderungen zu Tage fördern würde; und in der That wurden diese Erwartungen nicht getäuscht. Denn es liessen sich in allen Fällen kleinste Hämorrhagien und Erweichungen, sowie Verstopfungen von Blutgefässen, welchen wir schon vielfach in anderen Organen Eklamptischer begegnet sind, nachweisen. Die kleinen, erst mikroskopisch erkennbaren Blutungen, welche ebenso wie die grösseren mit Vorliebe in der Rinde und den Centralganglien ihren Sitz hatten, lagen meist in der Umgebung enorm dilatirter Kapillaren und kleinster Venen, welche meist, wie sich an Serienschnitten nachweisen liess, in total thrombosirte grössere Venenstämmchen einmündeten. Seltener fanden sich kleine Blutungen in der Umgebung kleiner Arterien, deren Lymphscheide prall von roten Blutkörperchen erfüllt und oft mächtig ausgebuchtet war. Die Erweichungen (Fig. 6), welche nur bei der mikroskopischen Untersuchung erkennbar und meist in solchen Fällen, bei denen die Eklampsie über 36 Stunden gedauert hatte, in grösserer Zahl nachweisbar waren, fanden sich sowohl in der grauen, als auch in der weissen Substanz und lagen entweder in der Umgebung von kleinen verstopften Arterien, deren Wand fast stets eine hyaline Degeneration erkennen liess, oder an solchen Stellen, wo eine grössere Anzahl von Kapillaren thrombosirt war. Bei denjenigen Fällen, welche einen sehr rapiden Verlauf genommen hatten, fehlten, wie erwähnt, die miliaren Erweichungen vollständig, wohl aber waren hier Verstopfungen von Kapillaren und kleinen Arterien nachweisbar, in deren unmittelbarer Umgebung die Gehirnsubstanz nicht selten einen eigentümlichen starren Glanz zeigte und mit Eosin und Carmin intensiv färbbar war, so dass es den Anschein hatte, als ob die verstopften Gefässe von hyalinen Scheiden umgeben würden.

Bezüglich der Gefässverstopfungen, welche, wie wir soeben sahen, in engster Beziehung zu den Blutungen und Erweichungen stehen und meist auch in den weichen Häuten in ziemlich grosser Ausdehnung nachweisbar waren, möchte ich darauf hinweisen, dass es sich nach meinem Dafürhalten, soweit Venen in Betracht kommen, um autochthon entstandene Thomben handelt, während es mir für die in den Arterien gefundenen Pfröpfe wahrscheinlich ist, dass sie embolischen Ursprungs sind und aus dem Gefässsystem der Lunge, in dem sich ja, wie wir gesehen haben, ausgedehnte Thrombosen fanden, eingeschwemmt worden sind. Bezüglich der Kapillarverstopfungen dürfte es schwer sein, eine Entscheidung zu treffen, ob sie autochthon entstanden oder embolisch zugeführt worden sind, da dieselben ein charakteristisches Gepräge, aus welchem man auf ihre Abstammung schliessen könnte, nicht zeigen. Denn sie bestehen fast stets aus völlig homogenen, glänzenden Massen, während die in den grösseren Gehirngefässen sich findenden Pfröpfe in ihrem Bau dieselbe Verschiedenheit der Zusammensetzung zeigen, wie wir schon an anderen Organen gefunden haben.

Am Herzen habe ich die schon bekannten degenerativen Processe am Myokard fast niemals vermisst. Dieselben fanden sich sowohl in den rasch tödtlich verlaufenden Fällen, als auch in solchen, bei denen der Tod erst nach mehrtägigem Krankenlager erfolgte, und traten in der Mehrzahl der Fälle herdförmig auf. Meist handelte es sich um eine mehr oder minder hochgradige albuminöse Trübung der Muskelfasern, während eine stärkere fettige Degeneration nur in protrahirt verlaufenden Fällen gefunden wurde und hier mit grösster Wahrscheinlichkeit auf die längere Anwendung von Chloroform zurückzuführen war. Neben diesen degenerativen Processen am Myokard liessen sich in zahlreichen Fällen kleine, teils schon makroskopisch sichtbare, teils erst bei der mikroskopischen Untersuchung erkennbare Blutungen nachweisen, in deren Bereich die Muskelfasern teils in hyaline Schollen zerfallen waren, teils kernlos erschienen und ihre Querstreifung nicht mehr erkennen liessen. Die in den bisher besprochenen Organen gefundenen Gefässverstopfungen fehlten auch im Herzen nicht, waren aber hier bei weitem seltener als in jenen und betrafen meist nur vereinzelte Kapillaren. In einigen Fällen fanden sich auch in kleinsten Arterien wandständige und total obturirende Pfröpfe, welche teils aus feinkörnigen Massen bestanden, teils aus roten und weissen Blutkörperchen, Fibrin und Blutplättchen sich aufbauten und wohl teils autochthon entstanden, teils embolisch aus den Lungengefässen eingeschwemmt waren. Nur in zwei Fällen war es zu einer Verstopfung eines etwas grösseren Arterienastes gekommen und hier hatten sich im Anschluss an diesen Arterienverschluss, welcher in dem einen Fall wohl sicher durch autochthone Thrombose zustande gekommen war, typische anämische Infarkte entwickelt.

Die Milz bot in den meisten Fällen vollständig normale Verhältnisse dar; nur dann, wenn sich in den Lungen oder im Genitalapparat ausgedehnte entzündliche Processe entwickelt hatten, fand sich eine mehr oder minder hochgradige Schwellung des Organs. Das Gleiche war der Fall bei jenen beiden oben erwähnten Fällen, bei denen sich eine totale Thrombose der Pfortader fand. Embolischen Processen bin ich nur einmal begegnet und zwar bei Fall XV, bei dem im Anschluss an den sicher embolischen Verschluss einer kleinen Arterie ein etwa erbsengrosser Infarkt zustande gekommen war.

Das Pankreas, welches bei der makroskopischen Betrachtung stets normal erschien, zeigte in mehreren Fällen erhebliche Veränderungen, bestehend in zahlreichen kleinen nekrotischen Herden und Blutungen, welche auch hier stets ihren Sitz in der unmittelbaren Umgebung kleiner thrombosirter Gefässe (Arterien und Venen) hatten.

Der Magen und Darmkanal liessen bei zahlreichen Fällen weder bei der makroskopischen noch bei der mikroskopischen Untersuchung Veränderungen erkennen; in einer Reihe von Fällen fanden sich multiple Blutungen in der Magen- und Darmschleimhaut, sowie in einem Falle zahlreiche und ausgedehnte hämorrhagische Erosionen, ähnlich denen, über welche Langerhans [19]) berichtet hat.

Bei der mikroskopischen Untersuchung liessen sich häufig im Bereich der Blutungen Thrombosen und Stasen in den kleinen Gefässen nachweisen, welche sich mitunter bis in grössere, in der Submucosa gelegene Gefässe verfolgen liessen.

Am Schlusse dieser die thatsächlichen Befunde betreffenden Mitteilungen muss ich noch auf sehr interessante Veränderungen hinweisen, welche ich in den Organen mehrerer von eklamptischen Frauen stammender Kinder gefunden habe. Im ganzen habe ich bisher sechs derartige Kinder[1]) zu untersuchen Gelegenheit gehabt, von welchen zwei lebend geboren, aber kurze Zeit nach der Geburt gestorben waren, vier dagegen bei der Sektion in utero gefunden wurden. Die Kinder waren sämmtlich reif oder der Reife nahe und liessen bei der äusseren Besichtigung keine Veränderungen erkennen; insbesondere möchte ich hervorheben, dass kein einziges von ihnen Ödeme darbot, welche Leyden[20]) bei einem von einer eklamptischen Mutter geborenen Kinde beobachtet hat. Bei der Untersuchung der inneren Organe fanden sich bei vier Kindern und zwar bei drei in utero abgestorbenen und einem lebend geborenen, abgesehen von zahlreichen supleuralen und subperikardialen Blutungen, denen ich keine grössere Bedeutung zumessen möchte, ausgedehnte Veränderungen, welche hauptsächlich die Nieren betrafen, in zwei Fällen sich aber auch auf die Leber erstreckten. In ersteren waren schon bei makroskopischer Betrachtung punktförmige Hämorrhagien auf der Oberfläche und in der Rinde, welch' letztere deutlich verbreitert und intensiv getrübt erschien, erkennbar; bei der mikroskopischen Untersuchung fand sich aber ausserdem noch eine teils herdförmig auftretende, teils diffus über grössere Abschnitte verbreitete Nekrose der Epithelien der gewundenen Kanälchen und mitunter auch der Henle'schen Schleifen, welche mit

---

1) Es sind dies die Kinder von Fall III, VIII, IX, XV, XVII und ein von einer genesenen eklamptischen Frau stammendes Kind.

hyalinen Cylindern erfüllt waren. In der Leber handelt es sich in einem Falle um spärliche, im periportalen Gewebe liegende Blutungen; bei dem zweiten aber fanden sich genau dieselben Veränderungen (Hämorrhagien, Nekrosen, hyaline Thrombosen), wie ich sie oben in der mütterlichen Leber beschrieben habe, wenn auch weniger ausgedehnt und weniger zahlreich.

Aus dem Vorstehenden geht hervor, dass wir bei 18 Fällen eines Krankheitsprocesses, bei dem nach den Angaben der verbreitesten Hand- und Lehrbücher der Geburtshülfe der Sektionsbefund ein wenig konstanter sein soll, mit der grössten Regelmässigkeit schwere Veränderungen an den lebenswichtigsten Organen haben nachweisen können. Dieselben sind einerseits durch Nekrosen und Blutungen in den parenchymatösen Organen, andererseits durch multiple Verstopfungen im Gefässsystem charakterisirt. Wenn wir nunmehr an die Frage herantreten, auf welche Weise diese Veränderungen zustande kommen, so muss an erster Stelle hervorgehoben werden, dass die Gleichartigkeit, welche die in den verschiedenen Organen gefundenen Läsionen in ihrem anatomischen Charakter zeigen, von vornherein die Annahme wahrscheinlich erscheinen lässt, dass sie einer gemeinsamen Ursache ihre Entstehung verdanken. Prüfen wir nunmehr zunächst, ob eine der bisher in betreff der Pathogenese der Eklampsie aufgestellten Hypothesen im stande ist, diese Veränderungen in befriedigender Weise zu erklären und zu deuten.

Es liegt nicht in meiner Absicht, hier eine eingehende Kritik sämmtlicher Theorien der Eklampsie zu geben, ich will hier nur diejenigen, welche sich bis in die Neuzeit zahlreicher Anhänger zu erfreuen gehabt haben, mit Rücksicht auf die von uns gefundenen anatomischen Läsionen einer kurzen Besprechung unterziehen.

Die Thatsache, dass bei der grossen Mehrzahl der Eklamptischen Störungen von seiten der Nieren beobachtet wurden, und dass diese Organe bei Sektionen ausserordentlich häufig mehr oder minder schwere Läsionen erkennen liessen, hat Veranlassung zur Aufstellung der Hypothese gegeben, dass die Eklampsie als akute Urämie zu betrachten sei, zumal der klinische Symptomenkomplex beider Krankheitsprocesse ein ausserordentlich ähnlicher ist. Soweit die Nierenveränderungen bei dieser Hypothese in Frage kommen, so sind unsere Befunde im stande, dieselben zu stützen, denn wir haben in allen unseren Fällen mehr oder minder schwere Läsionen an diesen Organen nachweisen können, welche sich ihrem anatomischen Charakter nach im wesentlichen mit den von anderen Autoren erhobenen Befunden decken. Was dagegen die an den übrigen Organen gefundenen Veränderungen anlangt, so können diese von der in Rede stehenden Hypothese aus nicht erklärt werden. Denn, wenn wir auch bei Urämien nicht allzu selten Blutungen im Gehirn und Degenerationen am Herzfleisch begegnen, so vermissen wir doch bei urämischen Individuen stets die übrigen von uns bei Eklampsie nachgewiesenen Veränderungen. Es finden sich, wie ich mich durch zahlreiche, eingehende Kontrolversuche überzeugt habe, bei Urämie niemals die charakteristischen Leberläsionen, die schweren Veränderungen am Herzfleisch, die Nekrosen im Pankreas und besonders die ausgedehnten Gefässverstopfungen. Mit Rücksicht auf die Leberveränderungen hat allerdings Klebs [21]), welcher die Nierenveränderungen als die primären Störungen bei Eklampsie ansieht, die Ansicht geäussert, dass dieselben dadurch zustande kommen möchten, dass die Leber infolge der heftigen Konvulsionen Quetschungen erleidet, welche ihrerseits wieder zu multiplen Rupturen Veranlassung geben. Dieser Ansicht ist bereits von Virchow gelegentlich der sich an die Jürgens'sche Mitteilung anknüpfenden Diskussion begegnet worden mit dem Hinweis, dass bei anderen, mit Konvulsionen einhergehenden Krankheitsprocessen ähnliche Leberveränderungen wie bei Eklampsie nicht beobachtet worden. Aber selbst, wenn man zugeben wollte, dass bei den von Eklampsie befallenen Frauen die Verhältnisse im Abdomen wesentlich anders liegen als bei Nichtgraviden, dass insbesondere infolge der enormen Vergrösserung des Uterus der Raum in der Bauchhöhle beengt und die Leber bei Eintritt von Konvulsionen leichter Quetschungen ausgesetzt sei als unter normalen Verhältnissen, so ist dem gegenüber zu bedenken, dass diese Quetschungen, falls sie überhaupt vorkommen, — was mir aber in Anbetracht der Verschieblichkeit der Leber nicht wahrscheinlich erscheint —, wohl kleine, oberflächliche Blutungen, niemals aber so komplicirte, über das ganze Organ verstreute Veränderungen, wie wir sie bei den von uns beobachteten Eklampsiefällen gefunden haben, herbeiführen werden.

Ebenso wenig wie die eben besprochene Theorie vermag uns aber diejenige Ansicht, welche die Eklampsie als eine nervöse Störung betrachtet, Aufschluss über die Genese der Veränderungen zu geben. Gerade diese neuerdings besonders von Osthoff [22]) und von v. Herff [23]) vertretene Anschauung hat sich vieler Anhänger zu erfreuen, weil sie fast alle Formen der Eklampsie, die Graviditätseklampsie mit oder ohne Albuminurie, sowie die Puerperaleklampsie auf einheitlicher Grundlage erklärt. „Die Grundursache so ziemlich für alle Formen der Schwangerschaftsniere und der Eklampsia gravid. part. und puerp. ist," sagt Osthoff, „eine ungewohnt starke Innervation des Splanchnicus, welche ausgeht von den Bewegungen des Fruchthalters in den verschiedenen Stadien seines Wachstums und seiner Rückbildung, und welche sich fortpflanzt in der nächsten Nähe auf die Vasoconstriktoren der Niere mit daraus folgender Rindenanämie und Degeneration, oder in stürmischer Weise namentlich unter der Geburt auf die nervösen Centralorgane ohne vorausgehende Affektion der Nieren zunächst auf das für die Vasomotoren in der Medulla oblongata liegende Centrum."

Diese Anschauung identificirt demnach die Eklampsie mit der Epilepsie, und wir müssten folgerichtig erwarten, dass wir bei Individuen, welche während oder kurze Zeit nach epileptischen Anfällen gestorben sind, die gleichen Veränderungen finden, wie bei Eklamptischen. Dies ist jedoch nicht der Fall. Ich habe, seitdem mir der so überaus charakteristische Befund bei Eklamptischen bekannt ist, mehrere nach zahlreichen und heftigen epileptischen Krämpfen gestorbene Individuen am Sektionstisch zu untersuchen Gelegenheit gehabt, ohne auch nur ein einziges Mal auf Veränderungen zu stossen, welche den bei Eklamptischen gefundenen auch nur entfernt ähnlich gewesen wären. Aber selbst, wenn man annehmen wollte, dass bei Eklamptischen ein hochgradiger Gefässkrampf besteht, so würde sich der anatomische Befund nicht erklären lassen; denn wie sollte ein hochgradiger Gefässkrampf im stande sein, die multiplen Gefässverstopfungen, welche nicht nur die kleinsten, sondern selbst grössere Gefässe betrafen, hervorzurufen!

Es erübrigt nunmehr noch auf eine dritte betreffs der Pathogenese der Eklampsie aufgestellte Hypothese einzugehen, welche unter dem Einfluss der in der Neuzeit in der medicinischen Forschung herrschenden Strömung die uns hier beschäftigende Krankheit auf die Einwirkung von Mikroorganismen zurückführt. Der von uns erhobene anatomische Befund spricht von vornherein nicht gegen die Richtigkeit dieser Ansicht, denn die multiplen Blutungen und Nekrosen sind Veränderungen, welche wir nicht selten bei Krankheitsprocessen von sicher infektiöser Natur beobachten. Die thatsächlichen Beobachtungen freilich, auf welche sich diese Ansicht stützt, müssen nach meinem Dafürhalten als unzureichende und ungenügende betrachtet werden, da von keinem einzigen Autor, welcher diese Ansicht vertritt, eingehende bakteriologische Untersuchungen angestellt worden sind. Blanc[24]), welcher die in Rede stehende, zuerst von Doléris[25]) ausgesprochene, aber sehr bald wieder aufgegebene Ansicht mit besonderem Eifer vertritt, konnte aus dem Urin eklamptischer Frauen ein feines Stäbchen isoliren. Die Thatsache, dass bei Infektionsversuchen mit diesem Bacillus die Thiere Konvulsionen bekamen, genügte ihm, um den gefundenen Mikroorganismus als den specifischen Erreger der Eklampsie anzusprechen, ohne dass er sich die Mühe genommen hätte, denselben im Blut oder den inneren Organen, zum mindesten in den Nieren Eklamptischer nachzuweisen.

Favre[26]) stellte seine bakteriologischen Untersuchungen an zwei von eklamptischen Frauen stammenden Placenten an und isolirte aus diesen Organen drei verschiedene Mikroorganismen. Favre glaubt, dass jede dieser Mikroorganismenarten und wohl auch andere gelegentlich, falls günstige Bedingungen vorhanden sind, Eklampsie zu erregen im stande ist. Er ist der Ansicht, dass infolge einer schon vor der Gravidität bestehenden Endometritis Mikroorganismen in die Placenta eindringen, in derselben Veränderungen (weisse Infarkte) erzeugen und durch ihre Stoffwechselprodukte eine Nephritis zu erzeugen vermögen. Solange die Niere funktionsfähig bleibt, können diese Ptomaine resp. die von der

Placenta aus in das mütterliche Blut gelangten Mikroorganismen ausgeschieden und damit unschädlich gemacht werden; ist aber die Nierenfunktion hochgradig beeinträchtigt, so kommt es zu einer Anhäufung der Mikroorganismen resp. der von ihnen abgesonderten Stoffwechselprodukte im Körper und es tritt der Symptomencomplex ein, welcher unter dem Namen der puerperalen Eklampsie bekannt ist. Favre sucht seine Ansicht durch Thierversuche zu stützen; denn es gelang ihm bei Versuchsthieren, deren Nierenfunktion durch experimentelle Eingriffe gestört war, durch Injektion der von ihm isolirten Mikroorganismenarten krankhafte Erscheinungen, mitunter auch Konvulsionen hervorzurufen.

Die Thierversuche Favre's, um mit diesen zu beginnen, beweisen meiner Ansicht nach nicht das geringste, denn es ist ja eine bekannte Thatsache, dass durch exquisit saprophytische Bakterien, z. B. durch Proteusarten, resp. durch die von solchen Mikroben abgesonderten Stoffwechselprodukte, sobald sie reichlich in die Blutbahn gebracht werden, Krankheitsbilder, die dem von Favre geschilderten gleichen, hervorgerufen werden können. Aber auch in anderer Hinsicht kann ich den Ausführungen Favre's nicht folgen. Zunächst ist darauf hinzuweisen, dass das theoretische Gebäude Favre's sich nur auf zwei bakteriologische Untersuchungen von Placenten, also von Organen stützt, welche bei ihrem Durchgang durch den Geburtsschlauch mit allerlei Keimen in Berührung kommen. Fernerhin ist es in hohem Grade unwahrscheinlich, dass so typische anatomische Veränderungen, wie wir sie bei der Eklampsie finden, durch verschiedene Mikroorganismen hervorgerufen werden sollten. Ich halte daher die Ansicht Favre's, dass die Eklampsie eine durch Bakterien bedingte Ptomainämie sei, solange derselbe keine besseren Beweise bringt, für durchaus unbewiesen.[1])

Mit Rücksicht auf die bereits oben hervorgehobene Ähnlichkeit, welche zwischen dem von uns bei Eklamptischen erhobenen Befund und manchen unzweifelhaft durch die Einwirkung von Mikroorganismen bedingten Veränderungen besteht, hielt ich es für notwendig, eingehende bakteriologische Untersuchungen anzustellen. Dieselben durften sich nicht nur auf dieses oder jenes Organ, welches sich gerade bei der Sektion als am meisten erkrankt erwies, beschränken, sondern mussten auf möglichst viele Organe ausgedehnt werden; denn es war ja nicht unwahrscheinlich, dass die an einem bestimmten parenchymatösen Organ gefundenen Veränderungen nicht sowohl durch die direkte Einwirkung eines specifischen Mikroorganismus bedingt waren, als vielmehr durch einen Giftstoff hervorgerufen waren, welcher von einem in einem anderen Organ lokalisirten Mikroorganismus producirt sein konnte.

---

1) Neuerdings hat Gerdes (Centralbl. f. Gynäkol. u. Münchn. med. Wochenschr.) einen Bacillus beschrieben, welchen er als Erreger der Eklampsie anspricht. Dass dieser Bacillus aber nichts mit der Genese der uns beschäftigenden Krankheit zu thun hat, ist einwandsfrei von Hofmeister (Fortschr. d. Med. 1892) nachgewiesen worden.

Ich habe daher bei fast allen von mir beobachteten Eklampsiefällen möglichst alle Organe der mütterlichen und soweit es anging, auch des kindlichen Körpers, incl. der Placenta, einer eingehenden bakteriologischen Prüfung unterzogen; ich habe aber weder bei meinen Kulturversuchen, bei welchen die verschiedensten Züchtungsmethoden (aërobe und anaërobe) und die verschiedensten Nährmedien zur Verwendung kamen, noch bei der genauesten Durchmusterung von Schnittpräparaten Mikroorganismen gefunden, welche ich als specifische hätte ansehen müssen. In den Fällen, bei welchen ich ihnen in Kulturen und in Schnittpräparaten begegnet bin, handelte es sich entweder um Bakterienarten, welche mit Sicherheit als Saprophyten angesprochen werden konnten, oder aber um eiterungserregende Mikroben, deren Anwesenheit sich unschwer aus den bei den betreffenden Fällen in den Lungen oder in den Genitalien bestehenden entzündlichen Veränderungen erklärte. Ich halte es nach den negativen Resultaten, die sich bei meinen bakteriologischen Untersuchungen ergaben, und die sich in erfreulicher Übereinstimmung mit den von Lubarsch angestellten befinden, für wenig wahrscheinlich, dass Mikroorganismen bei der Genese der Eklampsie beteiligt sind. Absolut ausschliessen möchte ich freilich die Möglichkeit nicht, weil es sich um Mikroorganismen handeln könnte, die sich mit unseren jetzigen Methoden nicht nachweisen lassen.

Aus den vorstehenden Betrachtungen geht hervor, dass keine der bisher bekannten Theorien in betreff der Pathogenese der Eklampsie im stande ist, eine befriedigende Erklärung des anatomischen Befundes zu geben.

Wir müssen daher untersuchen, ob sich nicht an der Hand des von uns erhobenen Befundes Anhaltspunkte betreffs der Genese der nachgewiesenen Veränderungen gewinnen lassen. Wenn wir uns fragen, welche von diesen Veränderungen als die bedeutungsvollste angesehen werden muss, so kann es nach meinem Dafürhalten keinem Zweifel unterliegen, dass den Gefässverstopfungen die wichtigste Rolle zugeschrieben werden muss.

Die intravitale Entstehung derselben kann keinem Zweifel unterliegen, denn der Bau der Pfröpfe ist ein solcher, wie wir ihn nur bei sicher intravital entstandenen Gerinnungen finden. Dass die Gefässverstopfungen als die primären Störungen angesehen werden müssen und nicht etwa erst sekundär im Anschluss an die im Parenchym sich abspielenden Processe entstanden sind, glaube ich daraus schliessen zu dürfen, dass wir neben den im Bereiche der parenchymatösen Veränderungen gelegenen Gefässverstopfungen letzteren auch an solchen Stellen begegnet sind, an denen Veränderungen am benachbarten Gewebe entweder überhaupt noch nicht, oder im ersten Beginn nachweisbar waren; ferner sind auch die am Parenchym sich findenden Veränderungen derart, wie wir sie gewöhnlich nach Gefässverstopfungen auftreten sehen.

Welcher Natur sind nun die von uns nachgewiesenen Gefässverstopfungen? Sind sie als autochthone Thromben zu deuten, oder sind sie auf embolischem Wege entstanden? Bei Erörterung dieser Frage müssen die in den verschiedenen Organen gefundenen Gefässverstopfungen gesondert betrachtet werden.

Für die in dem Pfortadersystem gefundenen Pfröpfe, welche in weitaus der Mehrzahl der Fälle die kleinen interlobulären Äste verlegten, in zwei Fällen aber auch zu einem Verschluss des Hauptstammes der Pfortader geführt hatten, bedarf es keines Beweises, dass sie als autochthone Thromben angesehen werden müssen, da die spärlichen in den Darmgefässen in einigen Fällen gefundenen Venenthromben kaum zu so ausgedehnten Embolien Veranlassung geben können. Was die in der Lunge gefundenen Pfröpfe anlangt, so müssen dieselben nach meinem Dafürhalten ebenfalls als autochthone Thromben angesprochen werden, denn im ganzen Organismus existirt kein Ort, aus dem sie in so grosser Menge, wie wir sie gerade in diesem Organe gefunden haben, embolisch eingeschwemmt sein könnten. Man könnte hier zwar daran denken, dass sie aus den Venen des Genitaltraktus herstammen möchten. Diese Annahme wäre aber höchstens für diejenigen Fälle zutreffend, bei denen der Tod post partum eintrat, und bei denen Thromben in den Uterusvenen gefunden wurden: für diejenigen aber, bei denen der Tod ante partum eintrat, bei denen aber ebenfalls Gefässverstopfungen in den Lungen gefunden wurden, muss sie zurückgewiesen werden, weil bei denselben keine Thromben in den Uterusvenen zu finden waren. Wenn man endlich mit Rücksicht auf die von uns nachgewiesenen, im Gefässsystem der Lunge lokalisirten Placentarzellenembolien die in den intervillösen Räumen der Placenta gefundenen Gerinnungen als Ausgangspunkt der Embolien ansehen wollte, so ist zu bedenken, dass bei der Enge der aus den intervillösen Räumen hervorgehenden Venen nur sehr kleine Pfröpfe von hier aus in die Blutbahn gelangen können. Es könnten demnach durch dieselben nur Kapillaren und die kleinsten arteriellen Gefässe der Lunge verlegt werden. Nun sind wir aber gerade in der Lunge Verstopfungen begegnet, welche verhältnismässig grosse Arterienäste betrafen; diese als Stagnationsthrombosen, die sich im Anschluss an die Verstopfung der kleinsten Gefässe entwickelt haben, zu deuten, ist nicht gut angängig, weil in Serienschnitten ein Zusammenhang dieser Thromben mit den in den kleinsten Gefässen befindlichen nicht nachweisbar war. Wenn demnach für die in den kleinsten Lungengefässen gefundenen Verstopfungen ein embolischer Ursprung nicht ohne weiteres von der Hand zu weisen ist, so kann ein solcher für die in den grösseren Arterienästen gefundenen Pfröpfe aus den eben erörterten Gründen mit Sicherheit ausgeschlossen werden; dieselben müssen demnach als autochthone Thromben angesprochen werden. Dass die in den Lungenvenen sich findenden Pfröpfe an ihrem Fundorte selbst entstanden sind, bedarf keines Beweises; das Gleiche gilt für die in den Venen des Gehirns, der Niere und des Herzens nachgewiesenen Gerinnungen. Was dagegen die in den Kapillaren und Arterien der letztgenannten Organe sich findenden Pfröpfe anlangt, so dürfte ein grosser Teil derselben von den in den Lungenvenen lokalisirten Pfröpfen abstammen und demnach embolischen Ursprungs sein, worauf ich schon oben hingewiesen habe. Besonderen Wert möchte ich hier darauf legen, dass dieselben häufig, wie sich bei der makroskopischen und mikroskopischen Untersuchung nachweisen liess, der Teilungsstelle eines grösseren Gefässes reitend aufsassen.

Es erhebt sich nunmehr die Frage, welchen Ursachen verdanken die autochthonen Thrombosen ihre Entstehung? Von einer primären Läsion der Gefässwände, welche wir bei vielen Fällen von Gefässverstopfung als Ursache von Thrombosen ansprechen müssen, können dieselben nicht abhängig gemacht werden, da wir bei unseren Untersuchungen eine solche nicht haben nachweisen können. Ebenso wenig können diese Thrombosen als marantische, von einer primären Herzschwäche abhängige betrachtet werden, denn wenn auch bei Eklampsie sub finem vitae eine solche ganz entschieden beobachtet wird, so ist dieselbe ohne Zweifel eine sekundäre und einerseits von der infolge der multiplen Gefässverstopfungen auftretenden allgemeinen arteriellen Anämien, andererseits von den in den Gefässen des Herzens selbst nachgewiesenen Gerinnungen und den infolge davon sich einstellenden degenerativen Processen am Herzfleisch abhängig. Unter diesen Umständen müssen wir die Ursache der Gerinnung im Blute selbst suchen.

Durch zahlreiche Experimentaluntersuchungen ist die Thatsache erwiesen worden, dass durch Einbringung gewisser Substanzen in die Blutbahn zahlreiche Gerinnungen im Gefässsystem erzeugt werden können. Naunyn[27]) und Franken[28]) führten durch intravenöse Injektion von lackfarbenem Blut, von Äther und von gallensauren Salzen ausgedehnte, tödtliche Thrombosen im rechten Herzen, in den Lungengefässen, den Cavis und der Pfortader und ihren Ästen herbei, Befunde, welche von Plosz und Györgyni[29]) bestätigt wurden. Magendie[30]), Panum[31]), Landois[32]), Ponfick[33]) und andere erzeugten durch intravenöse Einführungen von fremdartigem Blut, Arnim Köhler[34]) durch Fermentblut, Edelberg[35]) und andere Schüler A. Schmidt's durch Fermentlösungen, Wooldridge[36]) durch eine im wesentlichen aus Lecithin bestehende Proteidsubstanz tödtliche, intravaskuläre Gerinnungen. Dasselbe erzielte Groth[37]) durch Injektion von Leukocyten, Nauck[38]) durch Stromata roter Blutkörperchen, Fóa nnd Pellacani[39]) durch Zellenemulsionen der verschiedensten Organe, Hanau[40]) und Klebs[41]) durch Leberzellen.

Aus den genannten Experimentaluntersuchungen gehen aber noch andere wichtige Thatsachen hervor. Wenn nämlich die gerinnungserregenden Substanzen nicht in zu grosser Menge und unter zu hohem

Druck injicirt wurden, so bildeten sich am Orte der Injektion keine Gerinnungen; dieselben entwickelten sich vielmehr häufig in den Kapillaren des grossen Kreislaufes und des Pfortadersystems. Ferner zeigte sich, dass die durch fermentative Vorgänge bewirkten Verstopfungen der Gefässe fast stets von Blutungen begleitet waren, selbst wenn sie solche Organe betrafen, in denen erfahrungsgemäss Gefässverschlüsse, die durch marantische Thrombose oder Embolie bewirkt werden, ohne jede Störung ertragen werden.

Aus der menschlichen Pathologie kennt man bisher nur wenig sichere Beispiele von fermentativer Thrombose. Zuerst wurde man auf dieselben durch die üblen Erfahrungen, welche man bei der Transfusion mit Thierblut am Menschen machte, aufmerksam. Die schweren, sehr oft tödtlich endenden Erscheinungen, die man nach dieser zu therapeutischen Zwecken eingeleiteten Operation eintreten sah, mussten, wie anatomische Untersuchungen ergaben, auf ausgedehnte intravaskuläre Gerinnungen zurückgeführt werden, welche ihrerseits durch das bei dem Zerfall der roten Blutkörperchen gebildete Fibrinferment oder durch eine diesem Körper nahestehende Substanz bedingt waren. Neuerdings haben die eingehenden Untersuchungen von Silbermann [42]) und Welti [43]), welche ich auf Grund eigener Untersuchungen bestätigen kann, gezeigt, dass für den tödtlichen Ausgang, zu welchem ausgedehnte Hautverbrennungen führen, ebenfalls multiple Gefässverstopfungen verantwortlich gemacht werden müssen. Diese Beobachtungen zeigen jedenfalls, dass durch äussere Einwirkungen, welche das Blut treffen, beim Menschen Veränderungen in der Zusammensetzung desselben geschaffen werden können, die intravaskuläre Gerinnungen zu veranlassen vermögen. Es kann demnach auch, wie bereits von v. Recklinghausen [44]) hervorgehoben wird, die Möglichkeit nicht von der Hand gewiesen werden, dass spontan sich entwickelnde Blutveränderungen oder solche, die im Anschluss an Erkrankungen innerer Organe entstehen, Ähnliches bewirken. Nach meinem Dafürhalten liegt ein derartiger Fall bei der uns hier beschäftigenden Krankheit vor, zumal die von uns nachgewiesenen Veränderungen ganz auffällig Befunden gleichen, welche von einzelnen Autoren an Thieren erhoben worden sind, denen behufs Erzielung intravaskulärer Gerinnung Proteïdsubstanzen in die Blutbahn eingeführt worden waren. Allerdings sind bei den meisten in dieser Hinsicht angestellten Versuchen derartig grosse Mengen von gerinnungserregenden Substanzen in die Blutbahn eingespritzt worden, dass der Tod der Versuchsthiere unmittelbar herbeigeführt wurde, so dass es zu Veränderungen an den von der Thrombose betroffenen Organen nicht kommen konnte. Einzelne Autoren aber haben durch Injektion geringerer Mengen oder durch besondere Versuchsanordnungen die Thiere längere Zeit am Leben erhalten und Veränderungen erzielt, welche mit den von uns bei Eklampsie gefundenen Läsionen eine geradezu frappante Übereinstimmung zeigen. Von grösstem Interesse sind in dieser Hinsicht die von Franken und Naunyn, sowie besonders die von Wooldridge angestellten Versuche. Bei der grossen Bedeutung, welche dieselben für die uns hier beschäftigende Frage haben, sei es mir gestattet, etwas näher auf dieselben einzugehen.

Naunyn und Franken injicirten Katzen, Kaninchen und Hunden lackfarbenes Blut oder Auflösung gallensaurer Salze in eine Mesenterialvene. Nach der Injektion trat entweder eine lokale Thrombose des Pfortaderstammes ein, welche den Tod der Thiere rasch nach sich zog, oder aber es kam zur Thrombose kleinerer Pfortaderäste. In letzterem Falle nun fanden sich, wenn die Thiere nach einigen Tagen getödtet wurden oder spontan starben, in der Leber zahlreiche stecknadelkopfbis über kirschkerngrosse Herde, innerhalb deren die Lebersubstanz weich und weiss gefärbt war, und die sich an der Peripherie durch einen intensiv rot gefärbten Saum gegen das umgebende Lebergewebe scharf absetzten. „Auf Querschnitten die feinsten Äste der vena portarum in den Herden von zinnoberrot gefärbten Thromben erfüllt." (Naunyn hatte der Injektionsflüssigkeit Zinnober zugesetzt, um die Thromben leichter nachweisen zu können.) „Bei der mikroskopischen Untersuchung in den Herden die Leberzellen stark verfettet, an der Peripherie die Kapillaren stark ausgedehnt und in ihnen und in ihrer Umgebung zahlreiche rote Blutkörperchen, die Thromben in den zuführenden Portalästen fast völlig entfärbt." In einem anderen Versuch beschreibt Franken[15]) die Leberveränderungen folgendermassen: „In der Leber traten auf der Oberfläche, sowie auf dem Schnitt sehr zahlreiche gräulich gefärbte Punkte hervor, die sich mikroskopisch als diskrete nekrobiotische Herde höchstens von Stecknadelkopfgrösse erwiesen. In diesen Herden finden sich vergrösserte und stark körnig getrübte Leberzellen, von denen einzelne scharf begrenzt sind und vollkommen die Form der normalen Leberzellen darbieten; andere lassen sich zwar auch noch deutlich als Leberzellen erkennen, zeigen jedoch mehr oder weniger unregelmässige Begrenzungen, wie wenn Stückchen von ihnen abgebrochen wären. Auf Zusatz von Essigsäure lösen sich die Körnchen zum grössten Teil auf, und die Zellen werden aufgehellt, so dass ihre früher unsichtbaren Kerne jetzt deutlich hervortreten. An einzelnen Stellen dieser findet man nichts mehr von erkennbaren Leberzellen, nur Kerne, isolirte und zusammengeballte Körnchen, ähnlich jenen, wie sie sich in den obengenannten Leberzellen befanden, dazwischen treten auf rote Blutkörperchen, teils gut erhalten, teils in verschiedenem Grade geschrumpft, ausserdem Lymphkörperchen ähnliche Zellen, bald etwas reichlicher, bald sehr spärlich, immer jedoch nur in mässiger Menge. Was die zu solchen Herden führenden Gefässe betrifft, so ist der interlobuläre Pfortaderast stets strotzend mit Blutkörperchen, die dicht neben einander stehen, gefüllt und zeigt wohl auch hin und wieder infolge der Ausfüllung stärkere

Ausbauchungen, auch die im Umkreise befindlichen Kapillaren sind von Blutkörperchen ausgedehnt."

Wooldridge, dessen Versuche mir für die in Rede stehende Frage von noch grösserer Bedeutung zu sein scheinen, als die von Nannyn und Franken, benutzte bei seinen Versuchen ein wässriges Extrakt aus der Thymus, den Hoden oder aus anderen Drüsen, welches er mit dem Namen Gewebsfibrinogen bezeichnete. Spritzte er diesen Proteidstoff Kaninchen in die vena jugularis ein, so gingen diese Thiere stets rasch an grossartigen, intravaskulären, besonders die Lunge betreffenden Gerinnungen zu Grunde; bei Hunden jedoch war der Ausgang des Experimentes ein verschiedener, je nachdem dieselben zur Zeit des Versuches nüchtern oder in Verdauung begriffen waren. In letzterem Falle kam gerade so wie bei Kaninchen eine ausgedehnte Thrombose der Lungengefässe und des rechten Herzens zustande, welcher die Thiere rasch erlagen. Wurde das Gewebsfibrinogen dagegen nüchternen Hunden in die Jugularis injicirt, so entwickelte sich in einzelnen Fällen und zwar besonders, wenn grosse Quantitäten von Gewebsfibrinogen zur Verwendung gekommen waren, eine Thrombose des Hauptstammes der Pfortader, welche, da sie zu einem rapiden Herabsinken des Blutdruckes Veranlassung gab, häufig den Tod der Thiere herbeiführte. In anderen Fällen aber überlebten die Hunde den Eingriff und zeigten dann, wenn sie nach einiger Zeit getödtet wurden, multiple Infarkte in der Leber, welche, wie die mikroskopische Untersuchung ergab, auf thrombotischen Verschluss der kleinsten interlobulären Pfortaderäste zurückgeführt werden mussten.

Diese in hohem Grade auffallenden und interessanten Versuchsresultate, die Wooldridge bei der Injektion seines Gewebsfibrinogens erhielt, stehen im Gegensatz zu den von Cohnheim und Litten[46]) angestellten Versuchen, denen es bekanntlich nicht gelungen ist, durch Einführung blanden Materials in die Pfortader- oder Leberarterienäste bemerkenswerte Circulationsstörungen und Infarkte in der Leber zu erzielen. Nach der Ansicht Wooldridge's erklärt sich die auffallende Verschiedenheit zwischen den von ihm und den von Cohnheim und Litten erhaltenen Versuchsresultaten daraus, dass durch die Injektion von gerinnungserregenden Substanzen neben ausgedehnten Thrombosen eine schwere Alteration in der chemischen Zusammensetzung des Blutes herbeigeführt wird, welche ihrerseits eine schwere Schädigung der Gefässwände nach sich zieht. Denn einerseits ist das Blut nach der Injektion inner- und ausserhalb des Thierkörpers völlig gerinnungsunfähig geworden, andererseits aber erweisen sich die Gefässwände abnorm durchgängig für die Blutbestandteile. Es treten jetzt nach Eingriffen, welche für gewöhnlich völlig unschädlich verlaufen, ausgedehnte Blutungen und Ödeme auf; so entwickelt sich stets an der zur Ausführung der Injektion angelegten Wunde ein enormer Bluterguss. Ferner führen Unterbindungen von Venen, welche unter normalen Verhältnissen ohne Schaden ertragen werden, z. B. die der vena cruralis, beim Hund multiple Blutungen und ein ausgedehntes Ödem herbei.

Es ist unverkennbar, dass zwischen den von Naunyn-Franken und Wooldridge experimentell erzeugten Leberveränderungen und den bei Eklampsie sich findenden Leberläsionen eine ganz frappante Ähnlichkeit besteht. Leider finden sich weder bei Naunyn-Franken, noch bei Wooldridge Angaben über das Verhalten der übrigen Organe. Da nun besonders mit Rücksicht auf die von Wooldridge festgestellte und von Groth und Nauck bestätigte Thatsache, dass durch Injektion gerinnungserregender Substanzen das Blut tiefgehende Veränderungen in seiner chemischen Zusammensetzung erfährt, von vornherein die Annahme nicht unwahrscheinlich war, dass auch andere Organe durch den experimentellen Eingriff eine Schädigung erfahren möchten, so hielt ich es für notwendig, die Wooldridge'schen Versuche zu wiederholen. Eine Wiederholung dieser Versuche schien aber noch aus mehreren anderen Gründen wünschenswert: einmal nämlich, weil von Eberth [17]) auf Grund eigener Versuche die Versuchsresultate von Wooldridge in Zweifel gezogen werden, ferner weil von Wooldridge genauere Angaben über das mikroskopische Verhalten der von ihm erzielten Leberveränderungen nicht gemacht werden, und endlich, weil gegen die Wooldridge'schen Versuche der Einwurf gemacht werden kann, dass die Leberveränderungen nicht sowohl durch den thrombotischen Verschluss der Interlobularvenen, als vielmehr durch Einwirkung von gleichzeitig mit in die Blutbahn eingespritzten Mikroorganismen bedingt gewesen seien.

Ich habe mich bei meinen Versuchen eines aus der Kalbsthymus nach der Wooldridge'schen Vorschrift hergestellten Gewebsfibrinogens bedient und ausschliesslich an nüchternen Hunden experimentirt, da es mir darauf ankam, die Thiere möglichst lang am Leben zu erhalten. Allerdings passirte es mir gleich bei dem ersten Versuch, dass das Thier, welches ein Gewicht von 4 Kilo hatte, unmittelbar nach der Injektion von 25 ccm Gewebsfibrinogen unter Aussetzen der Atmung starb. Bei der unmittelbar nach dem Tode bei noch schlagendem Herzen vorgenommenen Sektion zeigte es sich, dass der plötzliche Tod auf eine totale Thrombose der Pfortader zu beziehen war. Ich hatte offenbar eine zu grosse Dosis des Gewebsfibrinogens injicirt. Bei den folgenden Versuchen spritzte ich geringere Quantitäten derselben Fibrinogenlösung (circa 5 ccm pro Kilo Körpergewicht) ein und erhielt die Thiere stets am Leben. Als dieselben 24, resp. 48 und 72 Stunden nach der Injektion getödtet wurden, zeigte sich bei der Sektion, dass genau den Wooldridge'schen Angaben entsprechend die Leber hochgradig verändert war. Sie war sowohl auf der Oberfläche, als auf dem Durchschnitt von zahlreichen stecknadelkopf- bis linsengrossen Herden übersät, welche meist dunkelrot, seltener gelblichweiss gefärbt waren und sich scharf gegen das umgebende Lebergewebe absetzten. Bei der mikroskopischen Untersuchung stellte sich heraus, dass es sich um anämische und hämorrhagische Nekrosen handelte, in deren Bereich die interlobulären Venen durch hyaline und Plättchenthromben verschlossen waren. Ich gehe nicht näher auf die Beschreibung des mikroskopischen Befundes ein, da ich nur dasjenige wiederholen müsste, was ich oben von den bei Eklampsie gefundenen Leberläsionen gesagt habe. Mikroorganismen konnten innerhalb der Leber weder durch Kulturversuche noch bei Untersuchung von Schnittpräparaten nachgewiesen werden.

Was die übrigen Organe anlangt, so fanden sich in den Lungen bei sämmtlichen Thieren stecknadelkopf- bis erbsengrosse, teils subpleural, teils mehr central gelegene Blutungen. Bei der mikroskopischen Untersuchung zeigten sich die Alveolen prall angefüllt durch abgeblasste, mit Eosin nur schwach färbbare rote Blutkörperchen und der zu dem betreffenden Blutherd führende Arterienast durch einen geschichteten Thrombus verschlossen; in den Kapillaren fanden sich hic und da hyaline Thromben. Die Nieren waren bei der makroskopischen Betrachtung im allgemeinen nicht wesentlich verändert, nur war ihre blasse Farbe und eine herdweise auftretende Trübung und Verbreiterung der Rinde auffallend. Bei einem Thiere traten an der Oberfläche vereinzelte Blutungen, bei einem anderen in der Rinde zwei erbsengrosse anämische Infarkte hervor. Die Harnblase des nach 24 Stunden getödteten Hundes enthielt eine geringe Menge bräunlichgelb gefärbten Urins, in welchem sehr reichlich Eiweiss und Methämoglobin nachweisbar war, welch' letzteres bereits von Wooldridge bei einem Versuch im Urin gefunden worden ist. An morphotischen Bestandteilen fanden sich spärliche weisse und rote Blutkörperchen, sowie ziemlich zahlreiche hyaline Cylinder. Der der Harnblase der später getödteten Thiere entnommene Harn war weniger stark eiweisshaltig, enthielt spärliche Cylinder und war frei von Methämoglobin.

Bei der mikroskopischen Untersuchung der Nieren, welche sowohl an frischen, als auch an in verschiedenen Fixirungsgemischen gehärteten Stücken vorgenommen wurde, zeigten sich ziemlich ausgedehnte, aber exquisit herdförmige Veränderungen am Epithel der gewundenen Harnkanälchen und der Henle'schen Schleifen. Dasselbe war teils intensiv getrübt und geschwollen, liess aber bei Zusatz von Essigsäure noch gut erhaltene Kerne erkennen, teils aber war es kernlos, in trübe, stark aufgequollene Schollen verwandelt, also völlig nekrotisch. Im Lumen der Harnkanälchen lagen feinkörnige Eiweissniederschläge, hyaline Cylinder und hic und da reichliche rote Blutkörperchen. An den Glomerulis waren keine auffälligen Veränderungen erkennbar: dass dieselben aber trotzdem nicht normal funktionirt hatten, ging mit Sicherheit daraus hervor, dass im Kapselraum ein feinkörniges Exsudat erkennbar war. Das interstitielle Gewebe war mit Ausnahme spärlicher, wenig umfänglicher Blutungen intakt; ebenso liessen die grösseren Gefässe keine Veränderungen erkennen.

die Kapillaren waren mässig gefüllt und enthielten ganz vereinzelte hyaline Thromben.

Es ist klar, dass die schweren Veränderungen, welche die oben besprochenen Organe darboten, nicht von den spärlichen Kapillarthromben abhängig gemacht werden können; da auch sonst greifbare Ursachen, auf welche dieselben zurückgeführt werden könnten, nicht nachweisbar waren, so bleibt mir die Annahme übrig, dass dieselben durch die infolge der Fibrinogeninjektion herbeigeführte Blutveränderungen bedingt gewesen sind.

Das Gehirn und das Herz erwiesen sich in allen Fällen intakt; im Pankreas fanden sich ganz vereinzelte Blutungen, welche um kleine thrombosirte Gefässe herumlagen; im Magen bestanden in einem Falle (Tod nach 24 Stunden) spärliche hämorrhagische Erosionen.

Unsere Versuche bestätigen demnach die Annahme von Wooldridge vollständig; andererseits aber zeigen sie, dass nicht nur die Leber, sondern auch andere Organe durch Injektion von Gewebsfibrinogen geschädigt werden.

Es kann nicht geleugnet werden, dass die an unseren Versuchsthieren erhobenen Befunde eine auffallende Ähnlichkeit mit den Veränderungen zeigen, welche wir bei den von uns untersuchten Eklampsiefällen nachweisen konnten. Bei den Versuchsthieren mussten die Veränderungen von der Einwirkung einer gerinnungserregenden Substanz auf das Blut abhängig gemacht werden. Da wir nun bei unseren Eklampsiefällen Gefässverstopfungen gefunden haben, welche, wie wir oben zeigten, nur unter der Annahme erklärt werden können, dass auf das Blut gerinnungserregende Substanzen eingewirkt haben, so scheint es mir nicht unwahrscheinlich, dass die von uns bei Eklampsie gefundenen Organveränderungen in ihrer Genese mit den experimentell bei Thieren erzeugten Läsionen auf gleiche Stufe gesetzt werden müssen, dass sie demnach von einer Blutveränderung abhängig zu machen sind, welche ihrerseits die Folge einer Intoxikation mit gerinnungserregenden Substanzen ist. Diese Substanz muss im stande sein, die zwischen mütterlichem und kindlichem Organismus aufgerichtete Scheidewand zu durchdringen, denn im kindlichen Organismus haben wir ja in mehreren Fällen die gleichen Veränderungen gefunden wie in dem der Mutter.

Diese Auffassung giebt uns eine befriedigende, auf einheitlicher Grundlage ruhende Erklärung sämmtlicher von uns und anderen Autoren gefundenen Veränderungen, welche bisher der Deutung ausserordentliche Schwierigkeiten bereitet haben.

Es erhebt sich nunmehr die Frage, woher stammt bei Eklampsie der die Gerinnungen hervorrufende Körper? Dass derselbe infektiösen Ursprungs und von aussen in den Körper eingedrungen sein sollte, ist nach dem, was ich oben gesagt habe, wenig wahrscheinlich. Klebs, welcher, wie oben erwähnt, bei zwei von ihm beobachteten Eklampsiefällen ebenfalls multiple Gefässverstopfungen nachweisen konnte, ist der Ansicht, dass aus den Zerfallsprodukten der in die mütterliche Blutbahn eingeschwemmten Leberzellen ein gerinnungserregender Körper gebildet wird. Dieser Ansicht kann ich nicht beipflichten, denn nach unseren Untersuchungen ist der Eintritt dieser Zellen lediglich ein sekundärer Process und von den in der Leber infolge der Gefässverstopfungen eintretenden Blutungen abhängig. Diese Zellen können demnach für die Entstehung der uns hier beschäftigenden Thrombosen nur eine untergeordnete Bedeutung haben.

Da es nach unseren Untersuchungen keinem Zweifel unterliegen kann, dass bei Eklampsie Placentarzellen in die mütterliche Blutbahn gelangen, da es ferner nach den von uns angestellten Kontroluntersuchungen in hohem Grade wahrscheinlich ist, dass der massenhafte Eintritt von diesen Zellen in die mütterliche Blutbahn ein für Eklampsie eigentümliches Vorkommnis darstellt, so möchte ich die Vermutung aussprechen, dass vielleicht in der Placenta der Ursprungsort der gerinnungserregenden Substanz zu suchen ist. Hier sind nun wieder zwei Möglichkeiten gegeben: entweder stammt diese Substanz aus den Zerfallsprodukten der in die Blutbahn eingetretenen Placentarzellen, oder von abnormen infolge von Placentarerkrankungen gebildeten Stoffwechselprodukten.

Was die erste Möglichkeit anlangt, so muss zunächst darauf hingewiesen werden, dass, wie bereits oben erwähnt, absterbende Zellen unzweifelhaft Substanzen bilden, die nicht nur extravaskuläre, sondern auch intravaskuläre Gerinnungen zu veranlassen vermögen. Denn aus den Untersuchungen von Fóa und Pellacani, von Groth, Hanau, Klebs und anderen Autoren geht mit Sicherheit hervor, dass, wenn Aufschwemmungen von Parenchymzellen in die Blutbahn injiciert werden, ausgedehnte intravaskuläre Gerinnungen auftreten.

Obgleich es mir von vornherein nicht zweifelhaft war, dass Aufschwemmungen von Placentarzellen eine gleiche Wirkung wie die von den erwähnten Autoren benutzten Zellenemulsionen haben würden, so hielt ich es doch mit Rücksicht auf die Wichtigkeit der in Rede stehenden Frage für notwendig, den thatsächlichen Beweis für diese Annahme zu erbringen. Zu diesem Behufe habe ich folgende Versuche angestellt:

1. Am 23. VI. wird ein trächtiges Kaninchen durch Verbluten getödtet. Die acht Placenten werden auf einer Fleischhackmaschine zerkleinert, mit warmer 0,6 proc. Kochsalzlösung verrieben und die Aufschwemmung durch ein feines Multtuch filtrirt. Von derselben werden einem Kaninchen 8 ccm langsam und unter ganz geringem Druck in die Ohrvene injicirt. Kurz nach der Injektion bekommt das Thier mehrere Krampfanfälle und sinkt todt zusammen. Die Sektion wird unmittelbar nach dem Aufhören der Respiration vorgenommen. Das

Herz beim Eröffnen des Thorax noch in unregelmässigen Kontraktionen, der rechte Ventrikel und Vorhof stark ausgedehnt, durch ein dunkelrotes, die Höhle vollständig erfüllendes, weiches Gerinnsel, welches sich in die Hauptäste der arteria pulmonalis fortsetzt, ausgefüllt. In den übrigen Gefässen dunkelrotes, flüssiges Blut.

2. Von derselben Placentaraufschwemmung werden einem Kaninchen, welches 3 Tage gehungert hat, 8 ccm in die vena jugularis eingespritzt. Fünf Minuten nach der Injektion treten Konvulsionen ein, unter denen das Thier zu Grunde geht. Das rechte Herz und die grösseren mit der Schere verfolgbaren Äste der Lungenarterie leer. Dagegen findet sich ein vollständiger Verschluss der vena portae durch einen weichen, dunkelrot gefärbten Pfropf von ihrer Wurzel im Mesenterium bis an die mittelstarken Verzweigungen in der Leber. Derselbe besteht, wie die mikroskopische Untersuchung ergiebt, aus feinkörnigen Massen, feinen Fibrinfäden, zahlreichen roten und spärlichen weissen Blutkörperchen. In vereinzelten, feinen Lungengefässen finden sich bei der mikroskopischen Untersuchung Blutplättchenthromben.

3. Am 1. Juli werden einem trächtigen Kaninchen, welches 24 Stunden gehungert hatte, 6 ccm einer frisch bereiteten Placentarzellenemulsion in die vena jugularis injicirt. Das Thier übersteht die Operation gut und ist nach derselben völlig munter. Am 4. VII. bringt es vier, noch nicht ausgetragene Junge zur Welt, von denen zwei bereits bei der Geburt todt sind, die beiden anderen aber nach circa 2 Stunden starben. Leider war ich nicht in der Lage, die neugeborenen Thiere zu untersuchen, da dieselben von dem Diener, dem die Besorgung der Thiere oblag, beseitigt worden waren. Am 5. VII. wird das Mutterthier durch Verbluten getödtet. An den inneren Organen finden sich keine Veränderungen. Nur in einem Hauptaste der Pfortader findet sich ein geschrumpftes, rötlichweiss gefärbtes Gerinnsel, welches der Gefässwand ziemlich fest anhaftet, das Lumen aber nicht völlig verlegt.

4. Am 27. VI. wird einem kleinen $3^1/_2$ Kilo schweren nüchternen Hund von einer Placentarzellenemulsion (selbstverständlich stammten die dazu benutzten Placenten von einer Hündin) 25 ccm in die vena jugularis injicirt. Der Hund bekommt während der Injektion und kurz nach ihr Konvulsionen, erholt sich aber sehr rasch und zeigt in den nächsten Tagen keine Störungen in seinem Befinden. Er wird nach 5 Tagen getödtet. Bei der Sektion bemerkt man nur in der Leber Veränderungen und zwar vereinzelte, teils rötlichbraun, teils gelblichweiss gefärbte, stecknadelkopfgrosse Herde, in deren Bereich das Lebergewebe nekrotisch ist, und die Interlobularvenen mit hyalinen Thromben verschlossen sind.

Wenn nun auch aus diesen Versuchen mit Sicherheit hervorgeht, dass die Placentarzellen bei Injektion in die Blutbahn gerinnungserregende Eigenschaften entfalten, so darf nach meinem Dafürhalten daraus noch nicht gefolgert werden, dass bei Eklamptischen diese Zellen die gleiche

Wirkung hervorrufen. Denn die Bedingungen, unter denen unsere Versuche angestellt wurden, entsprechen offenbar nur annähernd den bei Eklampsie vorhandenen Verhältnissen. Da aber kaum eine Versuchsanordnung gefunden werden dürfte, welche in jeder Hinsicht den Verhältnissen, wie sie bei eklamptischen Frauen vorliegen, entspricht, so müssen wir uns, wie in vielen Fällen, mit einer annähernden Ähnlichkeit begnügen. Es können daher unsere Versuche nicht als direkter Beweis für die Richtigkeit unserer Annahme, sondern nur als Stütze derselben angesehen werden.

Was nun die zweite Möglichkeit anlangt, dass abnorme, in der Placenta gebildete Stoffwechselprodukte die Ursache der von uns supponirten Blutveränderungen sein möchten, so kann ich zur Stütze meiner Vermutung nur die Thatsache anführen, dass ich in denjenigen Fällen, bei denen die Placenta meiner Untersuchung zugängig war, stets Veränderungen in derselben habe nachweisen können. Näheres über diese Stoffwechselprodukte zu sagen, erscheint mir bei dem jetzigen Stande unseres Wissens, wo uns die normalen in der Placenta sich vollziehenden Stoffwechselvorgänge noch völlig unbekannt sind, unmöglich. Ebenso wenig bin ich in der Lage, in betreff der ihrer Bildung zu Grunde liegenden Veränderungen Angaben in der Hinsicht zu machen, ob es sich dabei um specifische Veränderungen handelt, da ich ausgedehntere Kontroluntersuchungen bis jetzt nicht angestellt habe. Soweit meine Erfahrungen, die ich teils auf Grund eigener Untersuchungen, teils aus Angaben in der Litteratur gesammelt habe, reichen, kommen ähnliche Veränderungen auch in Placenten nicht eklamptischer Frauen und zwar ganz vorwiegend solcher, welche an Albuminurie während der Schwangerschaft gelitten haben, vor. Aus dem Umstand, dass diese Placentarveränderungen, die wir bei Eklampsie gefunden haben, auch bei nicht eklamptischen Frauen beobachtet worden, darf meines Erachtens nicht geschlossen werden, dass diese Veränderungen nicht an der Bildung der die Blutveränderung bedingenden Stoffe beteiligt sind. Denn es ist hier zu berücksichtigen, dass für den Erfolg, den das Eindringen von gerinnungserregenden Substanzen nach sich zieht, verschiedene Momente massgebend sind. Wie aus den an Thieren mit gerinnungserregenden Stoffen angestellten Experimentaluntersuchungen hervorgeht, ist für die Wirkung, die man erzielt, einmal die Blutbeschaffenheit zur Zeit der Injektion, andererseits aber ganz besonders die Menge der betreffenden Stoffe massgebend. Nur wenn grössere Quantitäten auf einmal in die Blutbahn gelangen, treten ausgedehnte Gerinnungen ein, während geringe Mengen, selbst wenn sie in kurzen Pausen infundirt werden, im Thierkörper unschädlich gemacht werden, wobei freilich — worüber Untersuchungen bis jetzt noch ausstehen —, bestimmte Organe, und zwar vielleicht die mit der Ausscheidung betrauten, Leber und Nieren, geschädigt werden könnten. Es ist demnach denkbar, dass, um auf die uns hier beschäftigende Frage zurückzukommen, an sich gleichartige Placentarveränderungen doch von verschiedener Wirkung sein können, je nach der Blutbeschaffenheit der betreffenden Graviden, und je nachdem die infolge der Placentarerkrankung entstehenden schädlichen Stoffe in geringerer oder grösserer Menge in die Blutbahn gelangen. Einer experimentellen Prüfung ist die hier ausgesprochene Vermutung nicht zugängig, da wir keine Mittel kennen, Placentarerkrankungen bei Thieren künstlich zu erzeugen. Der Zufall hat mir aber eine Beobachtung in die Hand gespielt, welche sich jedenfalls zu Gunsten der hier ausgesprochenen Vermutung deuten lässt.

Am 21. IX. 1891 meldete mir der mit der Wartung der Versuchsthiere beauftragte Diener, dass ein trächtiges Kaninchen seit dem vorhergehenden Abend von heftigen, anfallsweise auftretenden Krämpfen befallen sei. Bei der Besichtigung des Thieres lag dasselbe schwer atmend, völlig reaktionslos auf der Seite und zeigte von Zeit zu Zeit die heftigsten klonischen Krämpfe, welche sich in Pausen von $^1/_4$ bis $^1/_2$ Stunden wiederholten und im Laufe des Vormittags den Tod herbeiführten. Bei der unmittelbar p. m. vorgenommenen Sektion ergab sich ein überaus überraschender Befund, welcher bis in die kleinsten Details mit den bei unseren Eklampsiefällen erhobenen übereinstimmte. Die Leber war übersät von zahlreichen, stecknadelkopf- bis linsengrossen, teils gelblichweiss, teils dunkelrot gefärbten, scharf umgrenzten Herden, welche sowohl auf der Oberfläche, als auch auf der Schnittfläche des Organs deutlich hervortraten. Bei der mikroskopischen Untersuchung stellte es sich heraus, dass es sich teils um anämische, teils um hämorrhagische Nekrosen handelte, welche in der Umgebung des interlobulären Bindegewebes lagen und sich an thrombosirte Interlobularvenen anlehnten. Die Nieren waren etwas vergrössert, succulent, graugelblich gefärbt und liessen in der verbreiterten, stark getrübten Rinde ganz vereinzelte Blutungen, sowie feine weisse, opake Streifen erkennen. In der rechten Niere fand sich ein kleiner, blasser Infarkt. Bei der mikroskopischen Untersuchung zeigte sich teils eine starke Trübung, teils aber eine völlige Nekrose des Epithels der gewundenen Kanälchen und der Henle'schen Schleifen; daneben fand sich an den Epithelien der letzteren eine allerdings nur wenig ausgedehnte Verkalkung; in den Kanälchen reichliche Eiweissniederschläge und hyaline Cylinder. Die Glomeruli grösstenteils intakt, nur hie und da eine geringe Epitheldesquamation und hyaline Thromben in den Schlingen. In den Kapillaren der Rinde ausgedehnte Stasen und spärliche hyaline Thromben; in den kleineren Arterien ganz vereinzelte teils wandständige, teils obturirende Plättchenthromben. Die Blutungen lagen teils im interstitiellen Gewebe, teils im Lumen der Harnkanälchen.

An den Lungen zahlreiche punktförmige bis erbsengrosse Blutungen. Bei der mikroskopischen Untersuchung fanden sich zahlreiche Kapillaren und spärliche Arterien durch hyaline Thromben verschlossen, daneben, allerdings äusserst spärlich, in den Kapillaren Riesenzellen.

In der Rinde und den Centralganglien des Gehirns, welches ziemlich stark ödematös war, spärliche punktförmige Blutungen, welche auf Thrombose kleiner Gefässe zu beziehen waren.

Milz klein. Pankreas intakt.

Im Uterus fanden sich 6 Föten, von denen 3 frisch abgestorben, die übrigen 3 macerirt waren. Die Placenta der letzteren von normaler Grösse, aber von zahlreichen gelbweissen, stecknadelkopfgrossen Herden durchsetzt, welche bei der mikroskopischen Untersuchung sich als Nekrosen erwiesen. Leider habe ich eine mikroskopische Untersuchung der Föten nicht vornehmen können, da dieselben aus Versehen weggeworfen worden waren. Aus sämmtlichen Organen wurden unmittelbar nach der Sektion Kulturen auf Gelatine, Agar und Blutserum angelegt; dieselben blieben aber vollständig steril. Auch durch die mikroskopische Untersuchung konnten keine Bakterien in den inneren Organen nachgewiesen werden.

Der in diesem Falle beobachtete Krankheitsverlauf und anatomische Befund ist genau derselbe, wie wir ihm bei der menschlichen Eklampsie begegnet sind. In den Handbüchern der Veterinärheilkunde habe ich allerdings keine Bemerkungen über das Vorkommen von Eklampsie bei Kaninchen gefunden, wohl aber wurde mir von mehreren Kaninchenzüchtern mitgeteilt, dass trächtige Kaninchen mitunter am Ende der Schwangerschaft unter Krampfanfällen zu Grunde gehen. Wenn nun auch vielleicht bei einem Teil dieser Thiere die Krampfanfälle auf die Einwirkung von Mikroorganismen zu beziehen sind, so ist doch bei einem anderen nicht ausgeschlossen, dass es sich dabei um einen der menschlichen Eklampsie analogen Process handelt. Nach meinem Dafürhalten gehört der von mir beobachtete Fall, bei dem die Einwirkung von Mikroorganismen ausgeschlossen ist, der letztgenannten Kategorie an. In hohem Grade interessant ist dieser Fall dadurch, dass sich bei ihm in drei Placenten ausgedehnte Veränderungen und in der Lunge Placentarzellenembolien fanden, welche ich bei einem anderen, unmittelbar nach beendigter Geburt getödteten Kaninchen nicht habe nachweisen können. Jedenfalls sprechen diese Befunde, wenngleich ich dieser bis jetzt vereinzelt dastehenden Beobachtung keine allzu grosse Bedeutung zuzumessen geneigt bin, zu Gunsten der von uns betreffs der Pathogenese der Eklampsie ausgesprochenen Hypothese und, da nur ganz spärliche Placentarzellen in der Lunge gefunden wurden, besonders für die Vermutung, dass durch einen in der Placenta infolge krankhafter Veränderungen gebildeten Stoff die von uns supponirte Blutveränderung geschaffen wird.

Ob diese Vermutung sich aufrecht erhalten lassen wird, darüber werden weitere Untersuchungen zu entscheiden haben, das meinen Beobachtungen zu Grunde liegende Material ist zur Entscheidung dieser Frage noch zu klein; es ergiebt sich aber aus unseren Befunden die

Forderung, bei Eklamptischen den Placenten grössere Beachtung als bisher zu schenken. Grundbedingung freilich zur Erzielung sicherer Resultate würde ein vollständigere Kenntnis der Physiologie und Pathologie der Placenta sein.

Die von uns hier in betreff der Pathogenese der Eklampsie entwickelte Theorie hat jedenfalls vor allen übrigen bisher aufgestellten Hypothesen den Vorzug, dass sie alle anatomischen Befunde aus einem Punkte ableitet, für welchen in dem Nachweis der Placentarzellenembolie eine thatsächliche Grundlage gegeben ist; zweitens aber, dass von ihr aus die inneren Beziehungen zwischen Eklampsie und Schwangerschaft resp. Entbindung verständlich werden. In bezug auf den letzten Punkt möchte ich noch hervorheben, dass alle diejenigen Momente, welche stärkere Uteruskontraktionen und damit eine reichlichere Durchströmung der Placenta mit Blut auslösen (Geburt, psychische Einwirkungen u. s. w.), die von letzterer ausgehenden Blutveränderungen begünstigen müssen.

Es erhebt sich nun endlich noch die Frage: Lassen sich die durch die klinischen Beobachtungen festgestellten Thatsachen betreffs der Eklampsie mit unserer Hypothese in Einklang bringen? Dass der klinische Symptomenkomplex durch die von uns nachgewiesenen Veränderungen völlig seine Erklärung findet, liegt auf der Hand, so dass ich nicht näher darauf einzugehen brauche. Nur betreffs der schweren nervösen Erscheinungen möchte ich darauf hinweisen, dass für dieselben nicht allein die am Gehirn selbst nachgewiesenen Läsionen, welche in einigen Fällen wenig ausgedehnt und wenig zahlreich waren, verantwortlich gemacht werden müssen; nach meinem Dafürhalten müssen wir zur Erklärung derselben noch anderweitige Momente heranziehen. Besonders bedeutungsvoll erscheinen mir in dieser Hinsicht die von uns nachgewiesenen Nieren- und Leberveränderungen; denn es sind infolge derselben Funktionsstörungen dieser Organe unausbleiblich, welche zur Retention von schädlichen, zur Ausscheidung bestimmten Stoffen Veranlassung geben, die ihrerseits nicht gleichgültig für die Funktion eines so empfindlichen Organs, wie es das Gehirn darstellt, sein werden. Ferner ist aber auch zu bedenken, dass infolge der multiplen Gefässverstopfungen eine arterielle Anämie eintreten muss. Von besonderer Bedeutung sind hier die in den Lungengefässen gefundenen Gerinnungen, weil sie der Entleerung des rechten Herzens abnorme Widerstände entgegensetzen, welche stromaufwärts eine bedeutende Stauung, wie sie uns in der enormen Füllung der grossen Unterleibsvenen (venae spermat., uterinae u. vena cava) bei Eklamptischen vor Augen tritt, stromabwärts eine hochgradige Anämie erzeugen werden.

Mit der von uns vertretenen Hypothese lassen sich endlich die durch die klinische Beobachtung festgestellten Erfahrungsthatsachen gut in Einklang bringen.

Es ist schon seit längerer Zeit bekannt, dass besonders diejenigen Frauen zur Eklampsie disponirt sind, welche während der Schwangerschafft an Albuminurie gelitten haben. Diese Thatsache wird uns verständlich, wenn wir berücksichtigen, dass, wie die Untersuchungen Fehling's[18], Wiedow's und anderer Autoren gezeigt haben, bei Schwangerschaftsalbuminurie ausserordentlich häufig Placentarerkrankungen gefunden werden, in welchen, nach dem oben Gesagten, höchst wahrscheinlich die Quelle der von uns supponirten Blutveränderung zu suchen ist. Man hat weiterhin beobachtet, dass Primipare häufiger an Eklampsie erkranken, als Multipare. Da nun durch statistische Untersuchungen erwiesen ist, dass Primipare häufiger an Albuminurie leiden als Mehrgebärende, so dürfen wir mit Zugrundelegung der oben erwähnten Untersuchungen Wiedow's und Fehling's, ohne die Grenzen erlaubter Hypothesen zu überschreiten, die Annahme machen, dass bei denselben auch häufiger Placentarerkrankungen vorliegen werden, als bei Multiparen. Ferner aber müssen wir berücksichtigen, dass bei Erstgebärenden die Geburt protrahirter zu verlaufen pflegt, als bei Multiparen, wodurch, falls Placentarerkrankungen vorliegen, Gelegenheit gegeben wird, dass grosse Quantitäten der die Blutveränderung bedingenden Substanzen, seien es Zellen, seien es gelöste Stoffe, in die mütterliche Blutbahn gelangen können.

Weiterhin hat die Erfahrnng gelehrt, dass die Eklampsie in der Mehrzahl der Fälle sistirt, sobald die Geburt beendet ist. Auch hierfür giebt uns unsere Hypothese eine befriedigende Erklärung: mit Beendigung der Geburt ist dasjenige Organ, welches wir als den eigentlichen Krankheitsherd betrachten, aus dem Körper entfernt. Der Ausgang, den der Krankheitsprocess schliesslich nimmt, ob Genesung oder Exitus, wird lediglich von der Ausdehnung und Lokalisation der anatomischen Veränderungen und diese wieder von der Menge der in die Blutbahn gelangten, gerinnungserregenden Substanzen abhängig sein. Bei grossen Mengen werden sich so schwere und so ausgedehnte Veränderungen einstellen, dass, selbst wenn der eigentliche Krankheitsherd entfernt ist, damit der Fortbestand des Lebens nicht vereinbar ist. Bei Fällen aber, bei denen nur geringe Mengen der gerinnungserregenden Substanz in die mütterliche Blutbahn gelangen und infolge dessen weniger ausgedehnte Veränderungen eintreten, wird Genesung erfolgen können, zumal die Gerinnungen im allgemeinen einen lockeren Bau zeigen und deshalb bei kräftiger Herzaktion leicht aufgelöst werden können. Dass thatsächlich bei den in Genesung ausgehenden Fällen die gleichen Veränderungen vorkommen, wie bei den tödtlich endenden Eklampsien, glaube ich aus einer Beobachtung schliessen zu dürfen, wo bei einer an Typhus abdominalis verstorbenen Frau, die nachweislich drei Jahre vor ihrem Tode eine schwere Eklampsie überstanden hatte, Residuen eklamptischer Leberveränderungen in Form feiner, an der Oberfläche und auf dem Durchschnitt hervortretender Narben, sowie feine Infarktnarben in den Nieren und circumscripte braungelbe Pigmentirungen der weichen Hirnhäute nachweisbar waren.

Es erhebt sich nun endlich noch die Frage: Lassen sich die erst im Puerperium ausbrechenden Eklampsien durch die von uns vertretene Hypothese erklären? Ich glaube, auch diese Frage bejahen zu können. Es ist eine bekannte Thatsache, dass die weitaus grösste Mehrzahl der Puerperaleklampsien am ersten oder zweiten Tage des Wochenbetts ausbricht. Hier sind zwei Möglichkeiten gegeben. Einmal können Placentarreste im Uterus zurückgeblieben sein, von denen aus, seien es zellige Bestandteile, seien es gelöste Stoffe, in die Blutbahn eindringen und die von uns supponirte Blutveränderung herbeiführen. Dass thatsächlich von Placentarresten Bestandteile in die mütterliche Blutbahn gelangen können, geht mit absoluter Sicherheit aus einem der von mir beobachteten Eklampsiefälle (Nr. 16) hervor. Hier hatten die eklamptischen Anfälle nach der Geburt sistirt, und die betreffende Frau hatte sich bereits wieder leidlich erholt, als am fünften Tage des Wochenbettes von neuem Krämpfe eintraten, welchen die Frau erlag. Bei der Sektion zeigten sich neben sicher älteren Veränderungen in der Leber ganz frische hämorrhagische Herde, ferner fand sich im Uterus ein fast hühnereigrosser, der Uteruswand fest anhaftender Placentarrest. Bei der mikroskopischen Untersuchung der Lungen konnten nun nicht nur in den Kapillaren, sondern auch in grösseren, nicht thrombosirten Arterienästen gut erhaltene placentare Riesenzellen nachgewiesen werden. Der Umstand, dass diese Zellen in grösseren, nicht thrombosirten Gefässen gefunden wurden, lässt sich nicht anders deuten, als dass diese Zellen erst kurz vor dem Tode eingeschwemmt worden sind. Es sind demnach in diesem Falle sicherlich erst im Puerperium von dem Placentarrest Bestandteile in die Blutbahn gelangt.

Aber selbst, wenn bei anderen Fällen von Puerperaleklampsie Placentarreste sich nicht finden lassen sollten, so würde damit die von uns vertretene Anschauung nicht hinfällig werden; denn es ist ja nicht unwahrscheinlich, dass die Symptome der Eklampsie sich nicht unmittelbar an die durch die Invasion von Placentarbestandteilen bedingte Blutveränderung, besonders wenn jene nicht in allzu grosser Menge in die Blutbahn gelangen, anzuschliessen brauchen, sondern erst infolge der beschriebenen Organveränderungen, insbesondere die der Leber und Nieren, auf deren Bedeutung bezüglich der schweren nervösen Symptome ich bereits oben hingewiesen habe, auftreten. Es ist demnach möglich, dass ante partum entstandene Organläsionen sich erst post partum klinisch bemerkbar machen. Der leichte Verlauf, den für gewöhnlich die Puerperaleklampsien nehmen, würde sowohl unter der letzterwähnten Annahme, als auch unter der Annahme von retinirten Placentarresten verständlich werden, da es sich in beiden Fällen um das Eindringen von geringen Mengen der schädlichen Substanz handelt.

Was nun die erst mehrere Tage, ja Wochen nach der Entbindung auftretenden Eklampsien anbetrifft, so gestehe ich offen, dass diese durch die von mir aufgestellte Hypothese nicht erklärt werden können. Ich möchte aber hier die Frage aufwerfen, ob diese Fälle überhaupt mit den in der Schwangerschaft, resp. während der Geburt und kurz nach derselben auftretenden Eklampsien auf gleiche Stufe gestellt werden können, ja ich möchte diese Frage noch allgemeiner fassen und fragen, ob die klinischen, unter der Diagnose Eklampsie zusammengefassten Krankheitsprocesse ihrem Wesen nach gleichartig sind. Dies ist sicherlich nicht der Fall, denn die Eklampsie ist ein rein symptomatischer Begriff, unter dem verschiedene mit Konvulsionen einhergehende Krankheitsprocesse zusammengefasst werden. Klinisch werden sich bei dem jetzigen Stande unseres Wissens diese Krankheitsprocesse nicht auseinanderhalten lassen, insbesondere dürfte es schwer, ja in vielen Fällen sogar überhaupt unmöglich sein, urämische Krämpfe, welche ganz unzweifelhaft Schwangere, Gebärende und Puerpere ebenso wie andere Individuen, sobald sie an einer Nierenerkrankung leiden, befallen können, von nicht urämischen, im engeren Sinne eklamptischen Krämpfen zu trennen. Pathologischanatomisch aber ist nach meinem Dafürhalten durch die von uns und anderen Autoren gefundenen Thatsachen eine Grundlage geschaffen, auf der sich eine bestimmte Anzahl und nach meiner Ansicht sicher die Mehrzahl der Fälle von dem grossen allgemeinen Krankheitsbild abgrenzen lassen wird. Der Zukunft muss es vorbehalten bleiben, auch klinisch bestimmte Unterscheidungsmerkmale zu finden und aufzustellen.

Bericht über die beobachteten Fälle.

Das den vorstehenden Untersuchungen zu Grunde liegende Material entstammt mit Ausnahme von zwei Fällen dem hiesigen Entbindungsinstitut. Herrn Prof. Dr. Zweifel bin ich für die liebenswürdige Überlassung der Krankengeschichten zu grossem Danke verpflichtet. Die Sektionen wurden fast sämmtlich von mir persönlich ausgeführt. Bezüglich der mikroskopischen Untersuchungen möchte ich bemerken dass dieselben sowohl an frischen, als auch an gehärteten Präparaten angestellt wurden. Als Härtungs- resp. Fixirungsflüssigkeit dienten Alkohol-Müller'sche Lösung, Flemming'sches Säuregemisch und Sublimat. Besonders das letztere hat mir ausgezeichnete Resultate geliefert, denn gerade an den mit Sublimat fixirten Präparaten traten die Plättchen- und hyalinen Thromben in grosser Deutlichkeit und Klarheit hervor. Die mit den verschiedenen Härtungs- resp. Fixirungsmitteln behandelten Präparate wurden in Paraffin eingebettet. Zur Färbung dienten hauptsächlich Hämatoxylin und Eosin, doch wurden auch andere Färbemethoden (Carmin, Saffranin, Nigrosin u. s. w.) in Anwendung gebracht.

Bei der bakteriologischen Untersuchung wurden, soweit angängig, aërobe und anaërobe Kulturen angelegt. Als Nährsubstrate dienten Gelatine, Agar und Blutserum vom Menschen und Hammel.

Fall I.

Krankengeschichte. **Rothe**, Clara, 24 Jahre. I-p. Aufgen. 11. Sept. 1889, gestorb. 12. Sept. Pat. kommt komatös in die Anstalt; sie hat zu Hause 4 Anfälle gehabt. Um 10 Uhr Vormittags 0,03 Morph. mur. Schwitzbett, Citronenlimonade. P. 104. Trachealrasseln. Cyanose. Keine Ödeme.

Rücken des Kindes rechts. Herztöne sind zu hören. Muttermund 5 cm. Blase bis in die Schamspalte vorgetrieben. Leitstelle einen Querfinger über der Spina ischii. Kleine Fontanelle rechts, grosse links. Pfeilnaht quer. Kopf beweglich. 9 Uhr 11 Min. Blasensprung. Sofort stellt sich der Kopf fest ein. Um 12 Uhr 30 Min. Anfall, ebenso 1 Uhr 40 Min. Spontane Geburt in II. Schädellage; beim Durchschneiden der letzte Anfall, so dass der Kopf mit erheblicher Kraft vorgeschoben wird. Dammriss 1—2⁰. Drei Seidennähte, drei Catgutnähte wegen starker Blutung, welche auch nach Ausstossung der Placenta und gut kontrahirtem Uterus fortdauert und nicht dem Uterus entstammt. Quelle der Blutung nicht aufzufinden. Tamponade der Vagina durch Jodoform,

Schmorl, Eklampsie.

gaze. Hämatom der linken Labie. Urin vor und nach der Geburt durch Katheter entleert, von pflaumenbrühartiger Farbe, stark eiweisshaltig, enthält rote und weisse Blutkörperchen und Epithelcylinder. Kind asphyktisch, erholt sich allmählich, schreit nur schwach.
Temp p. p. 37, 4⁰; P. 100. Patientin nach der Geburt weiter komatös, um 6 Uhr 10 Min. und 8 Uhr 45 Min. wiederholen sich die Anfälle. Temp. 39⁰; P. 150.
Den 12. IX. Um 12 Uhr 30 Min. Vorm. Morph. 0, 02. Temp. 38,5⁰.
$\frac{2}{9}$ „ 30 „ „ 39; P. 150.
9 „ — „ ., 38,4; P. 160.
Transfusion von 600 ccm Kochsalzlösung. Nach der Operation Puls voller, 128; Temp. 37, 9. Mittags werden mittelst Katheters 250 ccm Urin der oben erwähnten Beschaffenheit entleert. Koma dauert fort.
6 Uhr 45 Min. Nachmittags Exitus lotalis.

Sektionsprotokoll. Mittelgrosse, gracil gebaute Frau von leidlichem Ernährungszustand. Die Hautfarbe im allgemeinen gelblichweiss, im Gesicht deutlich ikterisch. Die Sclerae gelb gefärbt. Am Abdomen reichliche frische Striae und vereinzelte subcutane, punktförmige Ekchymosen. Die linke grosse Schamlippe ist hochgradig geschwollen, blauschwarz gefärbt. An den unteren Extremitäten keine Ödeme.

Kopfhöhle. Die weichen Schädeldecken blutreich und von zahlreichen punktförmigen Hämorrhagien durchsetzt; ebenso das Periost. Diploë sehr blutreich. An der Tabula vitrea ausgedehntes Schwangerschaftsosteophyt.

Im Sinus longitudinalis superior dunkles flüssiges Blut; die Dura straff gespannt, die Pia an der Convexität sehr stark injicirt; die Venen prall mit dunkelrotem flüssigen Blut gefüllt; hie und da bemerkt man vereinzelte punkt- bis linsengrosse Blutungen unter der Arachnoïdea. Die Gyri sind stark abgeplattet. Die Gehirnsubstanz von fester Konsistenz. Das weisse Marklager feucht, glänzend und blutreich. Die Rinde grauviolett gefärbt, im Bereiche des Stirnhirns und der Centralwindungen vereinzelte punktförmige Blutungen. Die Centralganglien auf der Schnittfläche fleckig gerötet, ebenso Pons und Medulla oblongata.

Brusthöhle. Zwerchfellstand rechts in dem 3. Intercostalraum, links an der 4. Rippe. Die Lungen sinken gut zurück, Pleurahöhlen leer. Im Gewebe des vorderen Mediastinums zahlreiche, bis linsengrosse Blutungen. Thymusdrüse fast noch in ganzer Ausdehnung erhalten. Im Herzbentel eine geringe Menge schwach blutig gefärbter Flüssigkeit.

Das Herz von normaler Grösse, lässt an der Oberfläche zahlreiche subpericardiale Ekchymosen erkennen. Pericard glatt und spiegelnd. Beide Ventrikel kontrahirt und mit spärlichen Mengen dunkelroten, dünnflüssigen Blutes erfüllt. Die Muskulatur sehr stark getrübt, verwaschen graurot gefärbt, hie und da von gelben Flecken und Streifen durchsetzt; in der Muskulatur des linken Ventrikels vereinzelte Blutungen. An den freien Rändern der Mitralklappe ziemlich zahlreiche stecknadelkopf- bis erbsengrosse verrucöse Excrescenzen von gelblichweisser Farbe und fester Konsistenz. Aortenklappen intakt.

Die Lungen nirgends verwachsen. Pleura glatt und spiegelnd. An den hinteren Partieen zahlreiche Ekchymosen. Der linke Oberlappen, sowie die ganze rechte Lunge überall gut lufthaltig, auf der Schnittfläche sehr blutreich, hie und da von frischen taubeneigrossen Blutungen durchsetzt. Der linke Unterlappen völlig luftleer, von derber, fester Konsistenz, sehr voluminös. Die Schnittfläche tiefrot gefärbt, fein granulirt, lässt trübe, graurote Flüssigkeit abstreifen; an der Basis finden sich in den infiltrirten Lappen vereinzelte bis kirschgrosse, gelbe.

weiche, zerfliessliche Herde. Die Bronchialschleimhaut mit zähem, eitrigem Schleim belegt, geschwollen und stellenweise blutig suffundirt.

Der weiche Gaumen etwas ödematös, ebenso die aryepiglottischen Falten. In der rechten Tonsille ein erbsengrosser, von der Umgebung durch eine fibröse Schicht abgekapselter Abscess. In Kehlkopf und Trachea feinblasiger Schleim. *Bauchhöhle.* In der Bauchhöhle kein freier Inhalt. Der Uterus über kindskopfgross, füllt die Höhle des kleinen Beckens völlig aus. Unter seiner Serosa ausgedehnte Hämorrhagien.

Die Milz nur wenig vergrössert, von ziemlich fester Konsistenz. Die Oberfläche glatt, dunkelrot gefärbt. Die Pulpa ziemlich blutreich, fest. Follikel undeutlich. Am unteren Pol ein kleiner hämorrhagischer Infarkt.

Die Nebennieren zeigen keine Abnormitäten.

Die linke Niere vergrössert, von fester Konsistenz. Die Kapsel leicht abziehbar. Die Oberfläche glatt, graugelblich gefärbt, lässt zahlreiche punktförmige Blutungen erkennen. Rinde etwas verbreitert, stark feucht glänzend, graugelblich gefärbt, intensiv getrübt. Die Marksubstanz zeigt fleckweise Trübung, ist blutreich. Sowohl in der Rinde, als auch im Mark vereinzelte Blutungen. Die Schleimhaut des Nierenbeckens, welches weder rechts noch links erweitert ist, von zahlreichen Blutungen durchsetzt. Die Ureteren eng. In der rechten Niere, welche im allgemeinen dasselbe Verhalten wie die linke zeigt, vereinzelte kleine Infarkte.

In der Harnblase eine geringe Menge trüben, stark hämorrhagischen Urins. Schleimhaut blassgelblich gefärbt.

Die Scheide sehr weit, ihre Schleimhaut, die von ausgedehnten Hämorrhagien durchsetzt ist, weist sowohl an der hinteren als an der vorderen Wand oberflächliche Risse auf. Cervix ist stark zerfetzt und blutig suffundirt. Der Uterus fest kontrahirt, die Muskulatur von guter Konsistenz, rötlichweiss gefärbt. Im Fundus die Placentarstelle, der entsprechend zahlreiche Venen der Uteruswand thrombosirt. Die Uterushöhle ist mit zahlreichen, teils gelblichroten, teils dunkelroten Gerinnseln ausgekleidet; nirgends Eiterung. Die Tuben am abdominalen Ende etwas gerötet. Im rechten Ovarium ein Corpus luteum verum.

Die Leber ist kleiner als normal, von fester Konsistenz. Auf ihrer Oberfläche und Schnittfläche zeigt sie ein ausserordentlich buntes Bild; man bemerkt nämlich in der im allgemeinen braungelb gefärbten Lebergewebe, welches eine deutliche acinöse Struktur erkennen lässt, einesteils ziemlich ausgedehnte, unregelmässig begrenzte Hämorrhagien, anderenteils aber zahlreiche linsen- bis kirschgrosse, verwaschen gelbweiss gefärbte Flecken und Streifen. Letztere, welche meist völlig homogen erscheinen, liegen an der Oberfläche, besonders in der Nähe des Lig. suspensorium und Lig. coronarium; auf der Schnittfläche erscheinen sie ziemlich gleichmässig auf das ganze Leberparenchym verteilt; sie sind sämmtlich sehr scharf durch einen feinen dunkelroten Saum von der Umgebung abgesetzt, sind auffallend trocken und sinken unter das Niveau der Schnittfläche zurück.

In zahlreichen grösseren Gallengängen findet sich flüssiges Blut; Gallengang durchgängig.

Magenschleimhaut graurot gefärbt, geschwollen. An der kleinen Kurvatur kleine Blutungen und hämorrhagische Erosionen.

In der Dünn- und Dickdarmschleimhaut kleinste Blutungen.

Bakteriologische Untersuchungen. Aus dem linken Unterlappen der Lunge Streptokokken- und Staphylokokkenkulturen. Die aus der Leber, dem Gehirn und den Nieren angelegten Platten bleiben steril. Auch in mikroskopischen Schnitten keine Mikroorganismen nachweisbar.

4 *

Mikroskopischer Befund. *Leber.* a) Frisches Präparat: Im Bereiche der opaken gelbweissen Herde ist keine deutliche Leberstruktur mehr zu erkennen, nur trübe Massen, die sich bei Zusatz von Essigsäure aufhellen. Jetzt bemerkt man auch vereinzelte Leberzellen, welche aber kernlos erscheinen. In der Nachbarschaft der Herde die Leberzellen getrübt, aber ohne Fett, da in Osmiumpräparaten keine Schwärzung.

b) Gehärtetes Präparat (Alkohol und Müller'sche Lösung.): An feinen, mit Hämatoxylin und Eosin gefärbten Schnitten, welche durch grössere gelbweisse Herde gelegt wurden, fallen schon bei der Betrachtung ohne Mikroskop im durchfallenden Lichte mehr oder minder grosse, hellrosa gefärbte Flecken und Streifen auf, welche sich scharf von dem übrigen blaurot gefärbten Gewebe abheben. Bei der mikroskopischen Untersuchung zeigen die hellrot gefärbten, den opaken gelbweissen Herden entsprechenden Stellen ein etwas verschiedenes Ausschen, welches nach meiner Ansicht von dem verschiedenen Alter derselben abhängig ist. In denjenigen, welche ich als jüngste anspreche, ist die Struktur des Lebergewebes noch gut erhalten, die Leberzellenbalken sind im allgemeinen gut von den Gefässen zu unterscheiden, aber die Leberzellen unterscheiden sich in ihrer Färbung sehr wesentlich von den normalen Zellen. Während letztere bläulichrot gefärbt sind, erscheinen erstere hellrosa gefärbt und ihr Protoplasma zeigt eine eigentümlich feinkörnige oder feinfädige Beschaffenheit, mitunter einen starren Glanz; die Konturen sind wenig scharf, wie ausgenagt, mitunter sind benachbarte Leberzellen konfluirt. Die Kerne dieser Leberzellen sind ausserordentlich blass gefärbt, häufig überhaupt nicht mehr färbbar, aber noch nicht völlig geschwunden; denn man erkennt noch deutlich die blassblau gefärbte Kernmembran, es ist nur das Chromatinnetz sammt den Nukleolen geschwunden. Die Kerne der Kupfer'schen Sternzellen und der Gefässendothelien sind gut erhalten und gut färbbar. Die Kapillarwand häufig etwas verdickt, stark glänzend, leuchtend rot gefärbt, das Kapillarlumen teils leer, teils mit homogenen, teils feinstreifigen und scholligen glänzenden Massen erfüllt, ohne Beimischung von Leukocyten. Die Thromben setzen sich in die interlobulären Venen fort, welche sie völlig verlegen.

In den etwas älteren Herden ist die Leberstruktur ebenfalls leidlich gut erhalten, aber hier sind in den Leberzellen Kerne überhaupt nicht mehr nachweisbar; das Protoplasma rosa gefärbt und hie und da von Vakuolen durchsetzt. Diese Vakuolen können nicht als durch Alkohol ausgezogenes Fett gedeutet werden, da in Osmiumpräparaten keine schwarze Färbung an denselben hervortritt; ich bin geneigt, sie als Ausdruck einer hydropischen Degeneration anzusehen. Die Kerne der Endothelien nur noch ganz schwach färbbar. Die Kapillarwände hyalin, sonst wie oben. Zwischen den Leberzellen, welche teilweise von den Kapillarwänden durch feine Spalten getrennt sind, ein feinfädiges Netzwerk, welches nach der Weigert'schen Färbung Fibrinreaktion giebt. Die Herde sind scharf gegen die Umgebung abgesetzt, derart, dass nekrotische Leberzellen unmittelbar neben gut erhaltenen liegen; die Kapillaren in der Umgebung teils leer, teils aber prall gefüllt, mitunter in ihnen Stase.

In den ältesten Herden ist die Leberstruktur nicht mehr zu erkennen, es findet sich nur noch eine homogene, teils trübe, teils mattglänzende Masse, in welcher feinste Chromatinkörner von unregelmässiger Form und Grösse eingestreut sind (Kerndetritus). An der Peripherie mancher Herde Ansammlung von Rundzellen, welche mitunter tief in das Centrum hineinreicht.

Die eben beschriebenen Herde liegen, wenn sie noch wenig umfänglich sind, stets in der unmittelbaren Nähe des periportalen Bindegewebes, betreffen also die Peripherie der Acini. Grössere greifen oft tief in das Centrum der letzteren hinein und umfassen oft mehrere Gruppen benachbarter Drüsenläppchen. Häufig liegt zwischen dem nekrotischen Herd und dem periportalen Gewebe eine Reihe gut erhaltener Leberzellen.

Neben diesen anämischen Nekrosen finden sich auch, allerdings wenig zahlreich, hämorrhagische Herde, welche ebenfalls in der Nachbarschaft des periportalen Bindegewebes liegen. Hier finden sich gut mit Eosin färbbare rote Blutkörperchen, teils zwischen der Kapillarwand und den Leberzellenbalken, teils zwischen den einzelnen Leberzellen; häufig auch ein feines Fibrinnetz. Die Leberzellen sind meist blass gefärbt; die Kerne entweder gar nicht oder nur schlecht färbbar. Die Blutung greift fast stets auf das periportale Bindegewebe über, welches dicht mit roten Blutkörperchen infiltrirt ist. Die im periportalen Gewebe verlaufenden Arterienäste sind meist leer, nur hie und da prall gefüllt, aber nicht thrombosirt.

Die Interlobularvenen aber und die aus ihnen hervorgehenden Kapillaren sind nicht nur im Bereich der nekrotischen Herde, sondern häufig auch an Stellen, an denen Nekrosen noch völlig fehlen, durch Thromben verschlossen, welche teils ein homogenes, glänzendes Aussehen darbieten und sich mit Eosin leuchtend rot färben (hyaline Thromben), teils feiner oder gröber gestreift sind, mitunter auch aus feinkörnigem Material bestehen, welches bei Färbung mit Eosin rosa, mit Nigrosin schwärzlichblau erscheint (Blutplättchenthromben). Die Wände der genannten Gefässe häufig hyalin degenerirt. In etwas grösseren Pfortaderästen nur selten obturirende, fibrinöse Thromben, häufiger wandständige Plättchenthromben.

Die feinen Gallengänge prall gefüllt, besonders in der Umgebung der nekrotischen Herde; da, wo Blutungen vorhanden sind, mitunter rote Blutkörperchen im Lumen der Kanälchen. In den Gallenkapillaren in der Nachbarschaft der Herde Gallenthromben.

Das übrige Lebergewebe blutreich, die Leberzellen nur wenig verfettet. In einigen Centralvenen und spärlichen grösseren Lebervenen vereinzelte isolirt liegende Leberzellen.

Nieren. a) Frische Präparate: Bei Untersuchung von frischen Schnitten eine sehr starke Trübung der Epithelien der Glomeruli und gewundenen Harnkanälchen, welche auf Zusatz von Essigsäure grösstenteils verschwindet. Dabei die Epithelien geschwollen; die Kapillaren der Rinde prall gefüllt. An Osminmpräparaten keine wesentliche Verfettung.

b) In Alkohol und Müller'scher Lösung gehärtete Präparate: Die Glomeruli in der Mehrzahl intakt, mit Ausnahme eines in Koch- und Alkoholpräparaten deutlich hervortretenden feinkörnigen Eiweissniederschlages im Kapselhohlraum. An anderen Glomeruli findet sich eine Desquamation des Schlingen- und Kapselepithels, jedoch nur mässigen Grades. Die Schlingen prall mit Blut gefüllt, hie und da hyaline Degeneration. Das Epithel der gewundenen Kanälchen, vielfach kernlos, gequollen, die dem Lumen zugekehrte Seite wie ausgenagt. In den Henle'schen Schleifen feinkörnige Eiweissniederschläge. Die Epithelien meist gut erhalten, die Kerne gut färbbar, nur hie und da vereinzelte kernlose Epithelien.

In den Sammelröhren hyaline Cylinder und spärliche rote Blutkörperchen. Die Epithelien hie und da feinkörniges gelbes Pigment enthaltend, welches mitunter auch den Cylindern anklebt. Die intertubulären Kapillaren der Rinde teils völlig leer, herdweise aber prall gefüllt; in zahlreichen Kapillaren Stase. Die grösseren Arterien leer, in vereinzelten kleineren wandständige Plättchenthromben. Die Venen des Marks mässig gefüllt, hie und da spärliche Thromben.

Lungen. Im Bereich der schon makroskopisch erkennbaren Blutungen die Alveolen prall mit Blut gefüllt; in den Kapillaren Stase und hyaline Thromben. In den grösseren, zu den blutig infiltrirten Teilen führenden Arterien Thromben,

die teils wandständig, teils total obturirend sind und sich teils aus Blutplättchen, teils aus Fibrinfäden aufbauen, in deren Maschwerk rote und spärliche weisse Blutkörperchen liegen. Die Thromben sind nicht nur auf die Blutungen beschränkt, sondern finden sich auch an Stellen, wo die Alveolen intakt sind. In den kleineren Lungenvenen nur hie und da wandständige Plättchenthromben.
Im linken Unterlappen fibrinös-eitrige Pneumonie.

In zahlreichen Kapillaren beider Lungen grosse ovale und runde Zellen, welche das Lumen teils prall ausfüllen, teils durch einen schmalen, von roten Blutkörperchen erfüllten Spalt von der Wand getrennt sind. Sie enthalten sehr zahlreiche, tief dunkelblau gefärbte, runde Kerne, in denen reichliche runde Nukleolen erkennbar sind. In den Arterien und Venen keine derartigen Zellen. Dagegen in den Arterien vereinzelte kubische und polygonale Zellen, welche ihrem morphologischen Charakter nach als Leberzellen angesprochen werden müssen, zumal einige von ihnen gelbes Pigment enthalten.

Gehirn. In den Hirnhäuten zahlreiche kleine Blutungen; die Arterien leer, die Venen prall gefüllt, in vereinzelten gemischte Thromben; in den Kapillaren vielfach Stase. Die Blutungen in der Hirnsubstanz überall scharf umgrenzt, in ihrem Bereich keine Zertrümmerung des Gewebes, letzteres ist vielmehr gleichmässig von teils gut erhaltenen, teils etwas abgeblassten roten Blutkörperchen durchsetzt. Die Blutungen liegen um strotzend gefüllte Kapillaren, häufig sind letztere durch hyaline Thromben verschlossen, ihre Wand hyalin degenerirt. Die grösseren Hämorrhagien sind um kleinere Venen gelagert, welche ebenfalls strotzend gefüllt sind. Verfolgt man in Serienschnitten diese kleinen Venen, so sieht man, dass sie in grössere Venen einmünden, welche durch Thromben verschlossen sind. Die Thromben bestehen teils aus homogenen oder feinstreifigen Massen, in denen spärliche geschrumpfte Kerne eingeschlossen sind, teils aus geschichteten roten und weissen Blutkörperchen, welche durch ein feinfädiges Fibrinnetz zusammengehalten werden.

Die Thromben in den Kapillaren beschränken sich aber nicht auf die Stellen, wo Blutungen vorhanden sind, sondern werden auch an Stellen gefunden, wo noch keine Veränderungen an der Gehirnsubstanz nachweisbar sind; allerdings bemerkt man, dass hie und da in der Umgebung der Kapillaren die anliegende Gehirnsubstanz einen eigentümlichen, starren Glanz darbietet und sich mit Eosin leuchtend rot färbt.

Im linken Nucleus caudatus mehrere kleine, erst mikroskopisch nachweisbare Erweichungsherde, in deren Bereich die Kapillaren durch hyaline Thromben geschlossen sind.

Pankreas normal.

Herz. Starke Trübung der Muskelfasern, welche nur teilweise auf Essigsäurezusatz verschwindet. Hie und da vereinzelte Blutungen, in deren Bereich die Muskelfasern gequollen und hyalin erscheinen, Kerne überall gut färbbar. Die Arterien leer, die Kapillaren und Venen prall gefüllt.

Uterus nicht untersucht.

Fall II.

Krankengeschichte. Hartenbach, Wirtschafterin. 23 Jahre. Aufgen. 12./XI., gestorb. 13./XI. 89. In der Behausung im Laufe des Tages 10 Anfälle. Beim Eintritt in die Klinik absolutes Koma. Ödem der unteren Extremitäten. Cyanose des Gesichts. Stertoröses Atmen mit beginnendem Lungenödem. Harn stark eiweisshaltig. Kind in I. Schädellage, abgestorben. Wehen mässig kräftig. Muttermund für 3 Finger durchgängig. Blase steht. Kopf im Beckeneingang.

In der Anstalt 1 Anfälle. Die Wehen jetzt kräftiger. 1 Uhr 30 Min. wird bei eröffnetem Muttermund die Blase gesprengt und, da die Geburt trotzdem noch nicht schnell fortschreitet und der Exitus bevorsteht, 2 Uhr 30 Min. die Zange angelegt.

Hierauf wird zum Aderlass geschritten, 370 g Blut abgelassen und 400 g Kochsalzlösung infundirt. Der inzwischen flatternd gewordene Puls hebt sich auf kurze Zeit wieder, wird aber bald wieder schlechter. Am 13./XI. erfolgt unter Erscheinungen von Lungenödem und Herzschwäche der Exitus.

Sektionsbericht: Grosser, gut genährter weiblicher Leichnam; keine Ödeme. Haut blass, Gesicht cyanotisch. An den Brüsten, sowie am Abdomen frische Schwangerschaftsnarben. Fettpolster gut entwickelt, ebenso die Muskulatur; letztere braunrot, feucht.

Kopfhöhle. Weiche Schädeldecken blutreich. Das knöcherne Schädeldach symmetrisch, mesocephal. Aussenfläche glatt, gelbweiss, Periost gut abziehbar. Diploë sehr blutreich. An der Tabula vitrea sehr ausgedehnte Osteophytenbildung.

Sinus longitudinalis superior prall mit dunkelrotem, flüssigem Blute gefüllt. Dura mater sehr stark gespannt, Innenfläche glatt und spiegelnd, die weichen Hirnhäute glatt und zart, ausserordentlich blutreich. Links, entsprechend der Centralwindung, eine streifenförmige, 2 cm lange und 1 cm breite Blutung im subarachnoïdealen Gewebe. Die Hirnwindungen stark abgeplattet. An der Hirnbasis die weichen Häute ebenfalls sehr blutreich. Die Gefässe zart, ziemlich eng. Die Seitenventrikel leer, das Ependym glatt, am vorderen Pol des linken Nucleus caudatus eine linsengrosse Blutung. Das weisse Marklager lässt auf der Schnittfläche zahlreiche, abspülbare Blutpunkte erkennen, die Rinde stark vorquellend, bläulichgrau gefärbt. Centralganglien fleckig gerötet.

Kleinhirn, Brücke und verlängertes Mark blutreich. Sinus an der Schädelbasis mit dunkelrotem, flüssigem Blute erfüllt.

Brusthöhle. Zwerchfellstand links an der 4., rechts an der 3. Rippe. Thymus noch in ganzer Ausdehnung erhalten, sehr blutreich. In den abhängigen Teilen beider Pleurahöhlen circa 1 Wasserglas voll hämorrhagisch gefärbter Flüssigkeit. Die Lungen sinken gut zurück.

Herzbeutel leer, beide Blätter glatt und spiegelnd; vereinzelte subperikardiale Blutungen.

Das Herz stark kontrahirt. Im rechten Vorhof und Ventrikel spärliche speckhäutige Gerinnsel, im linken eine geringe Menge dunkelroten, flüssigen Blutes. Der rechte Ventrikel nicht erweitert. Muskulatur kräftig, braunrot. Klappen intakt. Die Höhle des linken Ventrikels eng, die Muskulatur im allgemeinen kräftig, braunrot gefärbt, nur einzelne Stellen des Septum ventrical. sind stark getrübt, blasser und weicher als die Umgebung. Klappen und Coronargefässe normal.

Die Lungen sehr voluminös. Die vorderen und oberen Partien hellgraurot gefärbt, die unteren und hinteren tief dunkelrot; erstere sind gut lufthaltig, bei letzteren ist der Luftgehalt deutlich vermindert. Der pleurale Überzug glatt und spiegelnd, in den hinteren Abschnitten vereinzelte ausgedehnte subpleurale Blutungen. Auf der Schnittfläche erscheinen die Oberlappen stark ödematös, mässig blutreich, hie und da bemerkt man vereinzelte linsen- bis zehnpfennigstückgrosse, dunkelrot gefärbte Flecken, welche sich wenig scharf von der Umgebung abgrenzen, etwas über die Schnittfläche prominiren und deutlich fester sind, als das umgebende Lungengewebe. Die Unterlappen ausserordentlich blutreich, lassen von der Schnittfläche reichliche, mit spärlichen, feinen Luftblasen untermischte dunkelrote Flüssigkeit abfliessen, Schnittfläche glatt.

Die Bronchialschleimhaut, mit feinblasigem Schaum bedeckt, zeigt hochgradige Stauung. Die grösseren Lungengefässe sind leer.

Der weiche Gaumen, sowie Pharynx und Ösophagus dunkelblaurot gefärbt. Kehlkopf- und Trachealschleimhaut stark injicirt. Schilddrüse klein, sehr blutreich.

Bauchhöhle. Nach Eröffnung der Bauchhöhle bemerkt man in den abhängigen Teilen, besonders im kleinen Becken, eine geringe Menge sanguinolenter Flüssigkeit. Das Bauchfell ist glatt und spiegelnd.

Milz klein, schlaff. Oberfläche stahlblau. Pulpa auf der Schnittfläche zurücksinkend, weich, dunkelrot gefärbt. Follikel und Trabekel undeutlich.

Nebennieren zeigen keine Abnormitäten.

Die linke Niere vergrössert, von fester Konsistenz. Kapsel leicht abziehbar, Oberfläche glatt, blassgraurot gefärbt mit einem Stich ins Gelbliche. Die Rinde verbreitert, vorquellend, intensiv getrübt, graurot gefärbt, mit vereinzelten gelblichweissen Streifen und Flecken und punktförmigen Hämorrhagien. Die Marksubstanz ebenfalls graurot gefärbt, wenig scharf von der Rinde abgesetzt. Im Nierenbecken zahlreiche feine Blutungen. Die rechte Niere zeigt dasselbe Verhalten wie die linke, nur finden sich hier an der hinteren Fläche mehrere ältere Infarktnarben. Die Nierenvenen stark dilatirt, mit dunkelrotem, flüssigem Blut gefüllt. Ureteren nicht erweitert.

Die Harnblase enthält eine geringe Menge trüben, schwach hämorrhagisch gefärbten Urins. Die Schleimhaut gelblichweiss gefärbt; im Trigonum eine fünfmarkstückgrosse Hämorrhagie.

An der vorderen Kommissur der Vulva ein durch eine Sutur geschlossener Riss, die kleinen Schamlippen dunkelrot gefärbt, geschwollen. An der vorderen und hinteren Wand der Vagina mehrere oberflächliche Schleimhautrisse. Im Cervix ein tiefer, bis an das hintere Scheidengewölbe reichender Riss mit zerfetzten, blutig suffundirten Rändern.

Der Uterus kleinkindskopfgross, stark kontrahirt. In der festen, rötlichweissen Muskulatur zahlreiche klaffende, leere Gefässlumina. In der Uterushöhle finden sich ziemlich umfängliche, der Wand fest anhaftende derbe Blutgerinnsel; im Fundus die Placentarstelle. Die Tuben sind an ihrem abdominalen Ende stark injicirt; zwischen den Fimbrien und in der Ampulla eine geringe Menge dunkelroten Blutes. Im übrigen Verlauf die Schleimhaut blass. Die Ovarien von normaler Grösse, ziemlich derb; im linken ein fast kirschgrosses Corpus luteum verum. Am rechten Ligam. ovar. propr. mehrere hirsekorngrosse, mit klarem Inhalt erfüllte Cyaten.

Parametrien frei.

Die Leber von normaler Grösse, von fester Konsistenz. Oberfläche glatt, im allgemeinen blass graurot gefärbt; es treten aber sowohl an der Oberfläche, als auch besonders auf der Schnittfläche zahlreiche unregelmässig begrenzte linsen- bis thalergrosse hellrote Flecken hervor, welche etwas über die Schnittfläche prominiren und die acinöse Struktur nur undeutlich erkennen lassen. In der Nähe des Ligam. suspensorium, sowie am unteren Rande des rechten Lappens vereinzelte opake, gelbweisse, hirsekorn- bis erbsengrosse Herde, welche, von einem dunkelroten schmalen Saum umgeben, deutlich unter das Niveau der Schnittfläche zurücksinken und durchaus homogen, ohne Andeutung einer acinösen Struktur erscheinen. — Gallengang durchgängig; in der Gallenblase fadenziehende, dunkle Galle.

Magenschleimhaut geschwollen, fleckig gerötet, im Fundus erweicht, an der Cardia mit kaffeesatzähnlichen Bröckeln bedeckt und von zahlreichen punktförmigen Hämorrhagien durchsetzt.

Darmschleimhaut zeigt ausser Stauung keine Abnormitäten.

Bakteriologische Untersuchung. Die bakteriologische Untersuchung ergiebt in Kulturen (Gelatine, Agar, Blutserum) aus sämmtlichen Organen ein negatives Resultat. Auch in Schnitten und Ausstrichpräparaten sind keine Mikroorganismen nachweisbar.

Mikroskopische Untersuchung. *Leber.* In den aus den verschiedensten Teilen der Leber entnommenen Stücken fallen sofort ausserordentlich zahlreiche Hämorrhagien in die Augen. Dieselben liegen stets in der Umgebung des die Pfortaderäste umscheidenden Bindegewebes und greifen nicht selten auf letzteres über, derart, dass die Bindegewebszüge auf das dichteste von roten Blutkörperchen durchsetzt sind, welche teils abgeblasst, mit Eosin schlecht färbbar, teils noch gut erhalten und intensiv tingirbar sind. Die interlobulären Venen sind im Bereiche der Blutungen, aber häufig auch an solchen Stellen, wo keine Veränderungen am Lebergewebe nachweisbar sind, mit hyalinen oder feinstreifigen, seltener fibrinösen und Plättchenthromben verschlossen; die Arterien meist leer, eng, hie und da in ihnen wandständige Plättchenthromben. In den etwas grösseren Pfortaderästen hie und da feinkörnige, der Wand fest anhaftende Massen, welche abgeblasste rote und in Zerfall begriffene weisse Blutkörperchen einschliessen und von einem sehr zarten Fibrinnetzwerk durchzogen sind. In den im Bereiche der Blutungen liegenden Gallengängen hie und da reichliche rote Blutkörperchen, sonst aber die Gallengänge intakt. Die in der Umgebung des periportalen Bindegewebes gelegenen hämorrhagischen Herde beschränken sich meist auf die Peripherie der Acini, seltener trifft man solche, welche auch in die mittleren Teile derselben übergreifen, und nur in ganz vereinzelten umfassen die Blutungen Gruppen benachbarter Acini. Im Bereich der Hämorrhagien besteht eine bedeutende Kapillarektasie; die Leberzellenbalken sind von der Gefässwand durch eine mehr oder minder dicke Schicht roter Blutkörperchen abgedrängt und vielfach durchbrochen, derart, dass einzelne oder mehrere zusammenhängende Leberzellen allseitig von roten Blutkörperchen umgeben werden. Die letzteren sind meist noch gut färbbar und in ihrer Form erhalten, an manchen Stellen aber sind sie fest aneinandergedrängt, abgeplattet und nur noch schwach tingirbar. Die Leberzellen im Bereich der Blutungen sind meist gut erhalten, aber häufig komprimirt; nur in vereinzelten ist der Kern blass gefärbt.

Neben diesen Herden, welche nicht besonders reichlich vorhanden sind, trifft man auf zahlreiche andere, welche einen komplicirteren Bau zeigen. Es tritt nämlich hier zwischen den aus ihrem Verband gelösten Leberzellen ein feinfaseriges Netzwerk auf, welches mit der Weigert'schen Färbemethode exquisite Fibrinreaktion giebt; die in diesem Maschwerk liegenden roten Blutkörperchen sind geschrumpft, nicht mehr oder nur blass mit Eosin färbbar, die Leberzellen völlig kernlos, nicht selten zu glänzenden, leuchtend rot gefärbten Schollen aufgequollen. In der Peripherie dieser Herde besteht eine starke Ektasie der Kapillaren, in welche sich stellenweise das Fibrinnetz fortsetzt.

Ferner finden sich Herde, welche von der normalen Leberstruktur, welche in den oben beschriebenen Herden noch andeutungsweise vorhanden ist, überhaupt nichts mehr erkennen lassen. Sie bestehen aus einer homogenen, mattglänzenden Masse, welche feinste goldgelbe Pigmentkörnchen und verschiedene grosse und unregelmässig geformte, intensiv mit Hämatoxylin gefärbte Körnchen einschliesst, welche ich als Kerndetritus deuten möchte. An der Peripherie dieser Herde erkennt man hie und da eine mässig dichte Anhäufung von Leukocyten, welche mitunter auch in den centralen Teilen gefunden werden, daneben grosse Leberzellen mit ein oder zwei Kernen, in denen man Kernteilungsfiguren nachweisen kann.

Endlich trifft man Herde, welche den im Sektionsbericht erwähnten gelbweissen Stellen entsprechen und nur aus nekrotischen Leberzellen ohne Blutungen bestehen. Hier sind die Kerne der Endothelzellen teils noch erhalten, teils nicht mehr färbbar; im Lumen der Kapillaren häufig hyaline Thromben. In der Umgebung der Herde starke Kapillarektasie. Die Centralvenen, meist mit spärlichen roten Blutkörperchen gefüllt, enthalten spärliche Leberzellen; nur da, wo die Nekrose einen ganzen Acinus betrifft, ist das Lumen derselben thrombosirt. Das Lebergewebe, welches zwischen den nekrotischen Herden liegt, lässt keine Veränderungen erkennen; im frischen Präparat erscheinen die Leberzellen nur wenig getrübt, aber nicht verfettet, wie die Osmiumpräparate zeigen.

Nieren. Im frischen Präparat starke Trübung der Epithelien der gewundenen Kanälchen, welche nur teilweise bei Essigsäurezusatz verschwindet. In Osmiumpräparaten in den Epithelien spärliche schwarze Tröpfchen erkennbar.

Die Glomeruli lassen im Kapselhohlraum feinkörnige Eiweissniederschläge und hie und da rote Blutkörperchen erkennen (Kochpräparate). Sie sind in der Mehrzahl sonst völlig intakt, vereinzelte sehr kernreich; nirgends Epitheldesquamation. Die Schlingen mässig gefüllt, hie und da mit hyalinen Thromben verschlossen. Die gewundenen Kanälchen enthalten feinkörnige Eiweissniederschläge, die Epithelzellen sind geschwollen, aber meist noch kernhaltig, nur vereinzelte lassen einen abgeblassten oder unfärbbaren Kern erkennen. Dagegen erscheinen die Epithelien der Henle'schen Schleifen, welche spärliche hyaline Cylinder enthalten, recht häufig kernlos, gequollen und desquamirt. In den Sammelröhren reichliche hyaline Cylinder.

Das interstitielle Gewebe mit Ausnahme spärlicher Blutungen intakt. Die intertubulären Kapillaren meist leer, an vereinzelten Stellen Stase und ganz spärliche hyaline Thromben. Die Arterien leer, in mittelstarken Arterien mitunter beträchtliche Anhäufung von Leukocyten, welche meist in einer feinkörnigen oder feinfädigen, der Wand anliegenden Masse eingebettet sind. Die Venen prall mit roten Blutkörperchen gefüllt.

Lungen. (Auf Fettembolie nicht untersucht.) Neben den makroskopisch erkennbaren Blutungen in beiden Unterlappen ziemlich reichliche Herde, wo im Alveolarlumen rote Blutkörperchen liegen. Daneben sind vereinzelte Gruppen benachbarter Alveolen mit einem feinfädigen Fibrinnetz durchzogen, welches nur ganz spärliche abgestossene Epithelien einschliesst. Die Wand der Alveolen wird ausgekleidet von einem ziemlich breiten, stark glänzenden Band, welches sich mit Eosin leuchtend rot färbt. Die Kapillaren sind hier sämmtlich durch hyaline Thromben verschlossen. Hyaline Thromben auch in anderen Kapillaren. In kleineren Arterien und Venen, besonders im Bereich der Blutungen Thromben. Dieselben sind teils wandständig und bestehen in diesem Fall aus feinkörnigen Massen (Plättchen), welche spärliche rote Blutkörperchen und Leukocyten einschliessen, teils obturirend, und zeigen hier teils eine homogene, glänzende oder feinstreifige Beschaffenheit, teils einen komplicirten Bau; teils bestehen sie aus einem feinen Fibrinnetz, welches mehr oder weniger weisse und rote Blutkörperchen einschliesst, teils endlich sind sie geschichtet; und zwar meist derart, dass der Wand eine dünne Schicht weisser Blutkörperchen anliegt, und nach innen zu mit roten und weissen Schichten, welche in einer feinkörnigen Masse liegen, abwechseln.

In zahlreichen Kapillaren massenhafte placentare Riesenzellen. In grösseren Arterien vereinzelte unzweifelhafte Leberzellen.

Gehirn. Zur Untersuchung gelangen Stücke aus dem Stirnhirn, den Centralwindungen, dem Occipitalhirn, den Centralganglien und der Brücke mit Medulla oblongata.

Die weichen Hirnhäute an den Stellen, wo im Sektionsbericht Blutungen bemerkt sind, in grosser Ausdehnung blutig infiltrirt. Die Venen und Kapillaren im Bereich der Blutungen prall gefüllt; die das Lumen der betreffenden Gefässe ausfüllenden roten Blutkörperchen gegen einander abgeplattet, häufig ihre Konturen nicht mehr zu erkennen, aber keine eigentlichen Thromben. Die Arterien leer.

In der Rinde findet sich an manchen Stellen (Stirnhirn, Centralganglien) die Lymphscheide der kleinen Arterien prall mit roten Blutkörperchen gefüllt; das Lumen der Arterien stark durch fest aneinandergedrängte rote Blutkörperchen dilatirt, nur hie und da durch hyaline und fibrinöse Massen verlegt; in manchen Arterien ziemlich reichliche weisse Blutkörperchen.

Neben den oben erwähnten, schon makroskopisch erkennbaren Blutungen finden sich noch mikroskopische; dieselben sind scharf von der Umgebung abgegrenzt, die Gehirnsubstanz nicht erweicht, sondern nur mit mehr oder minder dicht gedrängten roten Blutkörperchen infiltrirt. Stets lassen sich im Bereich der Blutungen Thrombosen nachweisen; sobald dieselben Kapillaren betreffen, handelt es sich immer um eine ganze Provinz von Kapillaren, die thrombosirt ist, nur hie und da trifft man auf eine vereinzelte thrombosirte Kapillare, in deren Umgebung spärliche rote Blutkörperchen liegen. In den Kapillaren hyaline Thromben; in kleineren Venen teils hyaline, teils Plättchenthromben. Hie und da auch thrombosirte Gefässe ohne Veränderung in der Umgebung.

In den Centralganglien besteht hie und da Stase in den Kapillaren, nur ganz vereinzelte thrombosirt; ebenso in Medulla oblongata und Brücke.

Herz. Die Muskelfasern grösstenteils intakt, nur hie und da stärkere Trübung, die auf Essigsäurezusatz verschwindet; die Kittleisten häufig auffallend deutlich (Myocardite segmentaire); keine stärkere Verfettung. Im gehärteten Präparate hie und da kleine Blutungen zwischen den Muskelfasern erkennbar, besonders dicht unter dem Perikard und Endokard. Die Muskelfasern im Bereich der Blutungen gequollen, stellenweise kernlos; die Blutungen liegen um prall gefüllte nicht thrombosirte Gefässe. In einem der hinteren Wand des linken Ventrikels entnommenen Stücke ein ziemlich umfänglicher Herd, in dessen Bereich die Muskelfasern teils kernlos und homogen, ohne Querstreifung erscheinen, teils völlig zerfallen sind. Auf Serienschnitten lässt sich nachweisen, dass der kleine zu diesem Bezirke führende Arterienast und die aus ihm hervorgehenden Kapillaren durch homogene, hyaline Pfröpfe verschlossen sind.

Pankreas zeigt ganz vereinzelte Blutungen, in deren Bereich die Drüsenepithelien teils kernlos sind, teils nur schwach färbbare Kerne enthalten. Die Gefässe prall gefüllt.

Uterus. Die Venen des Uterus meist nicht thrombosirt; nur an der Placentarstelle feste, geschichtete Thromben in ganz spärlichen Venen. Die Thromben schliessen hie und da vielkernige Zellen ein, ähnlich denen, wie sie in den Lungenkapillaren gefunden wurden.

Milz intakt.

Fall III.

Krankengeschichte. **Reinhold**, Comptoiristenfrau, 37 Jahre. IX-para. Aufgen. 17./XII, gestorb. 18./XII. 1889.

Patientin wird im Koma in die Anstalt gebracht, in der Behausung 12 Anfälle. Vollständiges Koma. Beginnendes Lungenödem. Wehen schwach. Muttermund geschlossen. Kind in I. Schädellage; Herztöne nicht zu hören. Hydramnios. In der Anstalt 6 Anfälle.

Durch Aderlass 300 g Blut entzogen und 400 g Kochsalzlösung infundirt. Exitus unter Lungenödem 12 Uhr 15 Min. Nachts.

Sektion 3 Stunden p. mort.

Grosser, kräftig gebauter weiblicher Leichnam; guter Ernährungszustand. Haut im allgemeinen blass, nur im Gesicht starke Cyanose. Unterlippe stark ödematös und dunkelblaurot gefärbt. Am Lippenrot mehrere tiefe Bisswunden. In den Conjunktiven vereinzelte punktförmige Ekchymosen. Der Leib stark halbkugelig aufgetrieben, prall gespannt, an den unteren Abschnitten zahlreiche ältere und frische Schwangerschaftsnarben. Die unteren Extremitäten stark ödematös, rechts starke Phlebektasien. An der rechten Ellenbeuge eine durch Suturen geschlossene, von einer Venäsektion herrührende, frische Wunde.

Kopfhöhle. Weiche Schädeldecken blutreich, hie und da vereinzelte Ekchymosen. Schädeldach symmetrisch, Tabula externa glatt, Diploë blutreich, an der Tabula vitrea längs des Sulcus longit. sup. spärliche Osteophyten. Dura sehr lebhaft injicirt, im grossen Längsblutleiter flüssiges Blut. Die weichen Häute zeigen an der Konvexität starke venöse Hyperämie; die Gyri sind abgeplattet, Sulci verstrichen, an der Basis die Pia milchig getrübt und verdickt. Gefässe hier ebenfalls stark gefüllt, glatt und zart. Das Grosshirn von ziemlich fester Konsistenz. Die Ventrikel zeigen keine Abnormitäten. Das weisse Marklager sehr blutreich und feucht glänzend. Die Rinde vorquellend, graubläulich gefärbt.

Kleinhirn, Centralganglien, Pons und Medulla oblongata sehr blutreich.

Brusthöhle. Zwerchfellstand links an der 5., rechts an der 4. Rippe.

In den abhängigen Teilen der linken Pleurahöhle eine geringe Menge schwach rötlich gefärbter Flüssigkeit. Die Lungen retrahiren sich gut.

Der Herzbeutel zeigt keine Abnormitäten.

Das Herz von normaler Grösse, beide Ventrikel stark kontrahirt, an der Hinterfläche zahlreiche Ekchymosen. Der rechte Ventrikel enthält ganz spärlichen Cruor; die Muskulatur von schlaffer Konsistenz, graurot gefärbt; Klappen intakt. Der linke Ventrikel leer, eng; die Muskulatur mässig hypertrophisch (12 mm), von fester Konsistenz, intensiv braunrot gefärbt; Klappen glatt und zart. Coronargefässe normal. Unter dem Endokard streifige Blutungen.

Die linke Lunge sehr voluminös, überall lufthaltig; Pleura glatt und spiegelnd. An der Spitze eine scharf umschriebene Schwiele, welche mehrere verkreidete Herde einschliesst. Das Lungengewebe hochgradig ödematös und blutreich. Im rechten Mittel- und Unterlappen bohnengrosse Blutungen; im linken Oberlappen blasse, grauweiss gefärbte, auf der Schnittfläche vorspringende Herde, welche eine derbe Konsistenz und ein trockenes granulirtes Aussehen zeigen. Die rechte Lunge zeigt dasselbe Verhalten wie die linke.

In den Bronchien schaumige Flüssigkeit. Schleimhaut stark injicirt, ebenso die der Trachea und des Kehlkopfs. Beide Schilddrüsenlappen vergrössert: Colloïdstruma.

Bauchhöhle. Die Bauchhöhle wird von dem hochgradig vergrösserten Uterus (32:22:25) fast völlig ausgefüllt; Serosa überall glatt und spiegelnd. In der Bauchhöhle kein freier Inhalt.

Milz 15 cm lang, 8 cm breit, 3 cm dick, sehr schlaff und weich; Pulpa blutreich.

Nebennieren blutreich.

Nieren vergrössert, ziemlich weich. Kapsel leicht abziehbar. Oberfläche glatt, graurötlich gefärbt, mit vereinzelten verwaschenen gelbgrauen Flecken. Die Rinde verbreitert, vorquellend, verwaschen graurot gefärbt. Marksubstanz blutreich. In der Schleimhaut des Nierenbeckens zahlreiche Ekchymosen. Ureteren nicht dilatirt.

In der Harnblase eine geringe Menge trüben, rötlich gefärbten Urins.

Die Leber etwas vergrössert, die Oberfläche glatt, gelblichweiss, lehmartig gefärbt, mit zahlreichen punkt- bis linsengrossen dunkelroten Flecken; letztere auch auf der Schnittfläche sehr zahlreich. Die acinöse Struktur im allgemeinen deutlich.

Die Gallenblase enthält dunkelgrüne, fadenziehende Galle. Gallengang durchgängig.

Die Schleimhaut des Magens geschwollen und fleckig gerötet. An der kleinen Kurvatur vereinzelte Blutungen.

Darm zeigt keine Abnormitäten.

Im Uterus ein männliches reifes Kind (50 cm lang). Die Placenta an der hinteren Wand.

Sektion des Kindes. Die Haut des Kindes nirgends macerirt, mit Vernix caseosa bedeckt. Die Lungen völlig luftleer, unter der Pleura zahlreiche punktförmige Blutungen. Das Herz mit dunkelrotem, flüssigem Blut erfüllt. Die Milz 12 g schwer, blutreich, fest. Die Nieren auffallend gross und weich; Kapsel leicht abziehbar; die Oberfläche dunkelrot gefärbt; sowohl an ihr, als auf der Schnittfläche treten mässig zahlreiche Blutungen hervor. Die Rinde etwas verbreitert, vorquellend. Die Leber sehr blutreich, gross, aber sonst ohne Veränderungen.

Magen und Darm zeigen keine Abnormitäten.

Bakteriologische Untersuchungen. Die bakteriologische Untersuchung, welcher Lungen, Leber, Nieren, Gehirn, Milz und Placenta unterzogen wurden, fällt negativ aus.

Mikroskopische Untersuchungen. *Leber*. In der Leber zahlreiche hämorrhagische Nekrosen, welche genau dasselbe Verhalten zeigen, wie es in Fall II beschrieben wurde; auch hier in den interlobulären Venen und den aus ihnen hervorgehenden Kapillaren hyaline und Plättchenthromben. Die Arterien leer. In den Centralvenen vereinzelte Leberzellen.

Nieren. In frischen Schnitten starke Trübung der Epithelien. Keine Verfettung.

In gehärteten Schnitten die Epithelien der gewundenen Kanälchen und der Henle'schen Schleifen nur wenig verändert, nur ganz vereinzelte kernlos. Keine Desquamation. In dem Lumen derselben feinkörnige Eiweissniederschläge und spärliche hyaline Cylinder; letztere sehr zahlreich in den Sammelröhren.

Glomeruli fast überall normal, nur hie und da hyalin degenerirte Schlingen. In zahlreichen Kapselräumen feinkörniges und homogenes Exsudat; hie und da spärliche rote Blutkörperchen. Interstitielle Veränderungen fehlen vollständig.

Die intertubulären Kapillaren erweitert; an vereinzelten Stellen in ihnen hyaline Thromben. Die Arterien meist leer; nur hie und da der Wand anliegend feinkörnige, zahlreiche Leukocyten einschliessende Massen; Venen prall gefüllt, in vereinzelten hyaline Thromben.

Lungen. Neben den schon makroskopisch nachweisbaren Blutungen hie und da in vereinzelten Alveolen reichliche rote Blutkörperchen. In zahlreichen Kapillaren Stase und hyaline Thromben. In den kleineren Arterien und Venen wandständige und obturirende Plättchen-, fibrinöse und gemischte Thromben. Sowohl in den Arterien als besonders in den Kapillaren zahlreiche Placentarzellen und Leberzellen.

Bei der Untersuchung der oben erwähnten, im rechten Ober- und Mittellappen sich findenden derberen grauweissen Herden stellt sich heraus, dass hier die Alveolen erfüllt sind mit einem aus feineren und gröberen Fäden bestehenden Netzwerk, in dessen Maschen ganz spärliche Leukocyten und abgestossene Epithelien eingeschlossen sind. An der Wand der Alveolen ein breites, hyalines, glänzendes Band, welches sich mit Eosin leuchtend rot färbt. Die Kapillaren sämmtlich mit hyalinen Thromben verschlossen; die Kapillarschlingen mitunter völlig kernlos. Mikroorganismen lassen sich in den Herden nicht nachweisen.

Herz. Die Muskelfasern intensiv getrübt, mässig verfettet; hie und da spärliche Blutungen in der Umgebung prall gefüllter kleiner Venen und Kapillaren; in letzteren nur ganz spärliche hyaline Thromben.

Gehirn. Im linken Stirnlappen und in beiden Nuclei caudati ganz spärliche, um thrombosirte Kapillaren und Venen liegende Blutungen; sonst die Gefässe stark gefüllt; in der Lymphscheide vereinzelter kleiner Arterien zahlreiche rote Blutkörperchen.

Pankreas lässt vereinzelte nekrotische Herde und Blutungen erkennen.

Milz ohne Veränderungen.

Uterus und *Placenta* nicht untersucht.

Von den *kindlichen Organen* zeigen nur die Nieren Veränderungen. Die Glomeruluskapseln schliessen stellenweise rote Blutkörperchen ein, sonst die Glomeruli intakt. Die Epithelien der gewundenen Kanälchen, welche feinkörniges Exsudat und rote Blutkörperchen enthalten, herdweise völlig kernlos, mitunter desquamirt und gequollen. Ebenso die der Henle'schen Schleifen, in welch' letzteren spärliche hyaline Cylinder und feinkörnige Eiweissmassen neben roten Blutkörperchen sich finden. In den Sammelröhren das Epithel intakt, aber das Lumen mit zahlreichen Cylindern gefüllt, die teils aus hyalinen, teils aus feinkörnigen, roten Blutkörperchen einschliessenden Massen bestehen. Im interstitiellen Gewebe ausgedehnte Blutungen. Die Gefässe prall gefüllt, in kleinen Venen Stase; keine Thromben.

Fall IV.

Sektionsbericht. **Preuss, Pauline,** 28 Jahre, gestorb. 6. Juli 1890. Sektion 4 St. p. m.

Sehr kleiner (112 cm langer) weiblicher Leichnam von kretinistischem Typus. Im allgemeinen leidlich gut genährt. Die Haut blass, an den unteren und oberen Extremitäten starke Ödeme, ebenso an den grossen Schamlippen, welche an den hinteren Abschnitten schwarzrot verfärbt und mit oberflächlichen Ulcerationen bedeckt sind. In der Mitte des Abdomens eine circa 18 cm lange, durch Suturen geschlossene Laparotomiewunde, deren Ränder fest mit einander verklebt sind. Die Serosa in der Umgebung der Wunde zeigt geringe Injektion, keine Trübung oder fibrinöse Auflagerungen.

Gesicht verhältnismässig kurz, aber breit. Die Unterkiefer sehr stark entwickelt, etwas vorstehend. Die Nase breit, Nasenwurzel eingesunken. Die Zähne regelmässig gestellt, sehr stark abgeschliffen. Ohren vollständig normal gebildet.

Kopfhöhle. Die weichen Schädeldecken sehr blutreich, etwas ödematös. Das knöcherne Schädeldach breit, sehr flach, die rechte Hälfte stärker gewölbt als die linke. Die Nähte erhalten. Tabula externa glatt, graugelblich gefärbt; Dicke 4 mm. Dura mater mit der Vitrea fest verwachsen. Diploë blutarm. Pia mater blutreich, etwas ödematös. Längs der Sulci leichte Trübungen und hie und da punktförmige Ekchymosen, Gehirn wird unsecirt der psychiatrischen Klinik überwiesen.

Brusthöhle. Zwerchfellstand rechts an 5., links an 4. Rippe. Thorax gut gewölbt, kurz; Corpus sterni gespalten.

Thymus bis auf Reste geschwunden. Pleurahöhlen leer. Lungen sinken gut zurück.

Herzbeutel enthält die gewöhnliche Menge Flüssigkeit.

Herz normal gross, ziemlich schlaff. Muskulatur bräunlichrot, ziemlich weich. Klappen intakt. Unter dem Endokard und Perikard vereinzelte Blutungen.

Lungen sind überall gut lufthaltig; auf der Schnittfläche und unter der

Pleura treten zahlreiche punkt- bis linsengrosse Blutungen hervor. Bronchialschleimhaut blass.

Halsorgane ohne Veränderungen.

Bauchhöhle. In den abhängigen Teilen findet sich eine geringe Menge schwach trüber, rötlich gefärbter Flüssigkeit; das Peritoneum glatt und spiegelnd. Milz sehr klein. Oberfläche dunkelblaurot. Pulpa zäh. Malpighi'sche Körperchen und Trabekel undeutlich.

Nieren kleiner als normal, von fester Konsistenz. Die Kapsel an einigen Stellen adhärent. Die Oberfläche ziemlich grob granulirt derart, dass dunkelblaurot gefärbte, feine, narbige Einziehungen mit grau- bis gelbrötlich gefärbten Höckern von Punkt- bis Linsengrösse abwechseln. Die Rinde verschmälert, im allgemeinen gelblichrot gefärbt und von vereinzelten feinen gelbweissen opaken Streifen durchsetzt. Marksubstanz blutarm. Im Nierenbecken vereinzelte punktförmige Ekchymosen. Ureteren eng.

Auf der vorderen Fläche des etwa kleinkindskopfgrossen Uterus, genau in der Mittellinie, verläuft eine durch Nähte verschlossene Wunde, deren Ränder im oberen und unteren Drittel fest verlötet sind, während sie in der Mitte ziemlich weit klaffen, da hier die Nähte aufgeknotet sind. Die Serosa des Uterus glatt. Das Organ wird uneröffnet der Universitätsfrauenklinik überwiesen.

Die Leber leicht vergrössert, von ziemlich fester Konsistenz. Die Oberfläche glatt, zeigt ein eigentümlich buntes Aussehen, indem in dem im allgemeinen braunroten Grundton zahlreiche gelbweisse und dunkelrote Flecken und Streifen hervortreten, wodurch die Oberfläche ein marmorirtes Aussehen gewinnt. Diese Flecken sind ziemlich gleichmässig über das ganze Organ verteilt, besonders dicht stehen sie aber im Lobulus Spigelii. Sie prominiren nur wenig über die Schnittfläche, fühlen sich ziemlich hart und fest an und zeigen ziemlich bedeutende Grössenunterschiede; denn man begegnet kleinen, mit blossem Auge eben erkennbaren Fleckchen neben solchen, welche die Grösse einer Bohne erreichen. Die kleinsten liegen meist in der Peripherie der Acini, die grösseren sind unregelmässig, aber scharf durch einen feinen, tiefrot gefärbten Saum von der Umgebung abgesetzt. Auf der Schnittfläche zeigen die gelbweissen Herde ein homogenes, trockenes, opakes Aussehen und sind anämischen Niereninfarkten frappant ähnlich, zumal manche eine deutliche keilförmige Gestalt besitzen. Die dunkelroten Flecken lassen auf der Schnittfläche die acinöse Struktur ebenfalls nicht mehr erkennen, auch sie springen vor und erscheinen feucht glänzend. Die Lebergefässe, soweit sie mit der Schere zu verfolgen sind, leer.

Gallenblase ohne Veränderung, ebenso Magen und Darm.

Bakteriologische Untersuchungen. Die mit dem Lungensaft beschickten Platten bleiben steril, ebenso die aus den Nieren angelegten. Aus der Milz und Leber wachsen ganz spärliche Kolonien von Staphylococcus pyogenes aureus und albus; aus der Leber ferner noch mehrere Kolonien eines dem Bacillus coli commun. sehr ähnlichen und wahrscheinlich mit ihm identischen Bacillus.

Mikroskopische Untersuchung. *Leber.* Fast auf jedem Schnitt der den verschiedensten Teilen entnommenen Stücke trifft man auf nekrotische Herde. Dieselben zeigen in weitaus der Mehrzahl anämischen Charakter und meist ein völlig gleichartiges Aussehen. Die kleinsten liegen in unmittelbarer Nachbarschaft des periportalen Gewebes, die grösseren umfassen mehrere Gruppen von Acini. Sie bestehen meist aus homogenen oder scholligen, glänzenden Massen, im Bereich derer von der Leberstruktur nichts mehr zu sehen ist. In der Umgebung hie und da reichliche Rundzellenanhäufung und ganz spärliche Kokken, fernerhin Kapillarektasie und mitunter grosse, zum Teil mehrkernige

Leberzellen mit intensiv gefärbten, bisweilen Theilungsfiguren zeigenden Kernen. Neben diesen Herden spärliche Stellen, wo die Leberstruktur noch andeutungsweise erhalten ist; die Leberzellen aber kernlos, aufgequollen, zwischen ihnen, sowie in den Kapillaren ein feinfädiges Fibrinnetz; endlich im periportalen Bindegewebe und in seiner Umgebung spärliche, wenig ausgedehnte Blutungen, in deren Bereich die Leberzellen in Zerfall begriffen sind. Sonst die Leberzellen gut erhalten, hie und da etwas verfettet; das periportale Gewebe kernarm. In den kleinsten Pfortaderästen, besonders stets an solchen Stellen, wo nekrotische Herde und Blutungen liegen, hyaline und Plättchenthromben, die sich in die aus denselben hervorgehenden Kapillaren hineinerstrecken. Arterien leer. In den Gallenkapillaren hie und da Gallenthromben; in den grösseren Gallengängen mitunter rote Blutkörperchen. Centralvenen und grössere Lebervenen leer; in ihnen keine Leberzellen.

Nieren. a) Im frischen Präparat: Verbreiterung der Interstitien durch kernreiches Gewebe; Glomeruli klein, in den Epithelien häufig bellglänzende, feine Tröpfchen, die sich mit Osmiumsäure schwärzen; ebensolche in den Epithelien der gewundenen Kanälchen.

b) Im gehärteten Präparat: Glomeruli finden sich dicht unter der Oberfläche; nur die wenigsten normal; bei vielen die Kapsel verdickt. Die Schlingen kernarm, häufig hyalin; mitunter Desquamation des Schlingenepithels. Die entblössten Schlingen trübe, fein bestaubt; im Kapselraum feinkörniges oder homogenes Exsudat. Manche Glomeruli völlig verödet. Die Harnkanälchen meist eng, mit niedrigem schmalen Epithel, welches an vielen Stellen kernlos erscheint und desquamirt ist. Vielfach in den Epithelien Vakuolen, mitunter feine, gelbe Pigmentkörnchen, letztere besonders in den Sammelröhren. In den gewundenen Kanälchen und Henle'schen Schleifen feinkörnige Eiweissniederschläge, in den Sammelröhren hyaline Cylinder. Das interstitielle Gewebe in der Rinde vielfach stark verbreitert, kernreich; es finden sich hier teils runde, teils spindelförmige Kerne; mitunter um kleine Venen herum Leukocytenanhäufungen; an manchen Stellen kernarmes, grobfibrilläres Bindegewebe. Kapillaren der Rinde meist eng, nur hie und da pralle Füllung mit roten Blutkörperchen, deren Konturen nicht deutlich zu erkennen sind. Die Wände der Arterien meist stark durch Verdickung der Adventitia und Intima verbreitert; das Lumen leer. Die Venen meist prall gefüllt, in ihnen hie und da zahlreiche Leukocyten.

Herz. Muskelfasern stark getrübt, hie und da verfettet (Osmiumpräparat). An vereinzelten Stellen stark hyaline Degeneration, besonders in der Umgebung kleiner Blutungen, welche um prall gefüllte, zum Teil thrombosirte Gefässe liegen. In der Umgebung kleiner Venen mitunter spärliche Leukocyten.

Gehirn nicht untersucht.

Lungen. In den Kapillaren nur spärliche hyaline Thromben; die Arterien nur im Bereich der Blutungen durch Plättchen- und fibrinöse Thromben geschlossen; sonst frei, häufig prall gefüllt. Venen intakt. Weder in den Kapillaren noch in den kleineren Arterien sichere Placentarzellen; in ersteren hie und da grosse unregelmässig geformte Chromatinklumpen (zusammengesinterte Kerne von Placentarzellen?) und hyaline Schollen, in denen man ganz blassgefärbte, mehrfach aber undeutlich von einander zu trennende Kerne erkennt.

(Die Eklampsie war erst vier Tage p. partum tödtlich verlaufen.)

Pankreas intakt.

Fall V.

Krankengeschichte. **Emmerich**, Anna, Buchdruckersfrau, 26 Jahre. Primipara. Aufgen. d. 13. VI., gestorb. d. 15. VI. 1890.

Patientin wurde am 13. VI. abends wegen Eklampsie aufgenommen. Anamnese konnte wegen tiefen Komas nicht erhoben werden. Im 10. Monat schwanger; Kind in I. Schädellage.

Die Geburt des Kindes erfolgte am 14. VI. abends 10 Uhr 40. In der Anstalt 14 Anfälle, davon 12 vor der Geburt. Gestorben am 15. VI. abends 9 Uhr. Sektion 12 St. p. m.

Etwas über mittelgrosse, sehr kräftig gebaute Frau, von gutem Ernährungszustand. Haut blass; Fettgewebe reichlich entwickelt, hellgelb. Muskulatur sehr kräftig, dunkelrot, feucht.

Kopfhöhle. Die weichen Schädeldecken sehr blutreich. Die Tabula externa glatt, Periost stark injicirt. Diploë blutreich, auf der Tabula vitrea im Bereich des Stirnbeins zarte Osteophyten. Die Dura ziemlich stark gespannt, die Innenfläche links glatt und spiegelnd, rechts dagegen etwas lateralwärts vom Sinus longit., ungefähr der Centralwindung entsprechend, einige linsen- bis fünfpfennigstückgrosse Blutaugen.

Im Sinus longitudinalis superior lockere Cruormassen. Die weichen Hirnhäute blutreich, spurweise getrübt. Die Gehirnoberfläche stark abgeplattet, trocken glänzend. An der Basis die Gefässe glatt und zart.

Die Seitenventrikel enthalten je einen Theelöffel klarer Flüssigkeit, ihr Ependym glatt und zart, am Kopf des linken Nucleus caudatus bemerkt man eine etwa linsengrosse, subendymär gelegene Blutung. Der 3. und 4. Ventrikel zeigen normale Verhältnisse.

Das weisse Marklager sehr weich, feuchtglänzend, lässt zahlreiche abspülbare Blutpunkte hervortreten.

Die Rinde breit, graoviolett gefärbt.

Die Grosshirnganglien zeigen auf Durchschnitten fleckige Rötung, ebenso Pons und Medulla oblongata.

Kleinhirn ohne Veränderung.

Brusthöhle. Zwerchfellstand links an 4., rechts an 5. Rippe. Sternum flach. Pleurahöhlen leer. Die Lungen retrahiren sich wenig, die rechte an der Spitze durch bandförmige Verwachsungen angeheftet.

Herzbeutel enthält eine spärliche Menge klarer Flüssigkeit, beide Blätter glatt und spiegelnd.

Der linke Herzventrikel etwas hypertrophisch, sehr fest kontrahirt, enthält nur eine Spur dunkelroten flüssigen Blutes. Die Muskulatur blassrot, kräftig. Klappen intakt. Der rechte Ventrikel schlaff, enthält dunkelrotes flüssiges Blut. Seine Muskulatur und Klappen intakt.

Die linke Lunge ziemlich voluminös, der pleurale Überzug glatt und spiegelnd. Der Oberlappen lufthaltig, stark ödematös. Der Unterlappen grösstenteils luftleer, von fester Konsistenz. Die Schnittfläche dunkelrot gefärbt, fein granulirt, lässt reichlich trübe, dunkelrote Flüssigkeit abstreifen. Die rechte Lunge zeigt dasselbe Verhalten wie die linke. Die Bronchialschleimhaut mit zähem Schleim belegt, stark gerötet.

Halsorgane zeigen keine Abnormitäten.

Bauchhöhle. In der Bauchhöhle eine geringe Menge ($^1/_4$ l) klarer, schwachrötlich gefärbter Flüssigkeit. Das Bauchfell glatt und spiegelnd. Der Dickdarm ziemlich stark aufgetrieben. Die Mesenterialvenen prall, mit dunkelrotem, flüssigem Blut gefüllt, ebenso die kleinen in der Subserosa verlaufenden Venen der Darmschlingen.

Die Milz vergrössert, prall; die Oberfläche blaurot gefärbt. Die Pulpa sehr blutreich, weich, vorquellend. Follikel nicht zu erkennen.

Nebennieren ohne Veränderungen.

Beide Nieren von normaler Grösse und mässig fester Konsistenz, Oberfläche glatt, gelblichgrau gefärbt. Die sternförmigen Venen stark gefüllt. Die Rinde etwas vorquellend, feuchtglänzend, graugelblich gefärbt, fleckweise getrübt; Zeichnung undeutlich. Die Marksubstanz blutreicher als die Rinde. Die Ureteren nicht erweitert, ebenso die Nierenbecken.

Die Harnblase mässig mit getrübtem Urin gefüllt, ihre Schleimhaut blass.

Der Uterus über kindskopfgross, fest kontrahirt. Die Serosa glatt und spiegelnd. Die Wand 3 cm dick, fest, blass graurot gefärbt. In der Höhle finden sich ziemlich reichlich der Wand fest anheftende Blutgerinnsel; an der hinteren Wand ist die Placentarstelle deutlich erkennbar. Die Portio zeigt mässig tiefe, blutig suffundirte Einrisse. Schleimhaut der Scheide dunkelblaurot gefärbt. Ovarien normal, im linken ein kirschgrosses Corpus luteum. Die Tuben normal.

Die Leber ist normal gross, von praller Konsistenz. Die Oberfläche glatt, im allgemeinen braunrot gefärbt. Am unteren Rand des rechten Lappens treten ziemlich zahlreiche, feine, opake, gelbe Streifen und Flecken hervor, welche der Peripherie der Acini entsprechen. Auf der Schnittfläche, welche mässig blutreich erscheint, erkennt man ausserordentlich zahlreiche gelbweisse, opake Streifen und Flecken, welche häufig durch einen tiefrot gefärbten Saum von der Umgebung abgesetzt sind; daneben vereinzelte Blutungen.

Die Schleimhaut des Magens tief dunkelrot gefärbt, an der kleinen Curvatur vereinzelte Blutungen und Erosionen.

Die Schleimhaut des Dünndarms zeigt ebenfalls starke venöse Hyperämie.

Mikroskopische Untersuchung. *Leber.* Die in der Leber gefundenen gelbweissen Herde erweisen sich bei der mikroskopischen Untersuchung als nekrotische Inseln, welche sich im allgemeinen wie die im Fall I genauer beschriebenen Herde verhalten. Auffallend ist hier aber, dass zahlreiche Herde ziemlich dicht von Rundzellen durchsetzt sind; im Bereich der Rundzellenherde hie und da spärliche, in Gruppen zusammenliegende Kokken. Ausserdem frische hämorrhagische Nekrosen. In zahlreichen interlobulären Venen nicht nur in der Nachbarschaft der nekrotischen Herde, sondern auch an Stellen, wo das Lebergewebe keine Veränderungen oder nur geringe Trübung erkennen lässt, Thromben, die teils aus hyalinen Massen bestehen, teils aus Fibrinfäden und feinkörnigem Material, welches zahlreiche Leukocyten einschliesst, sich aufbauen. In manchen Lebervenen vereinzelte Leberzellen.

Gallengänge intakt.

Nieren. Bei der frischen Untersuchung nur geringe Trübung, keine Verfettung

An gehärteten Präparaten erweist sich das Epithel fast vollständig intakt, nur hie und da in den gewundenen Kanälchen eine Zelle mit fehlendem oder abgeblasstem Kern. Im Lumen der Kanälchen des Labyrinthes spärliche feinkörnige Niederschläge. Glomeruli vollständig intakt, ihr Kapselraum enthält hie und da feinkörniges und homogenes Exsudat. In den Sammelröhren hyaline Cylinder. Im interstitiellen Gewebe keine Veränderungen. Die intertubulären Kapillaren meist leer, nur in vereinzelten Bezirken prall gefüllt. Venen des Markes stark dilatirt. Arterien intakt.

Lungen. Die Lungen zeigen nur geringe Veränderungen, bestehend in vereinzelten wenig umfänglichen Blutungen. Im Unterlappen die Gefässe enorm dilatirt, in den Alveolen zum Teil abgestossene Epithelien und reichliche Rundzellen. In den Kapillaren nur spärliche Thromben, ebenso in den Arterien und Venen. Dagegen finden sich hier in den Kapillaren ausserordentlich reichliche grosse Placentarriesenzellen; in vereinzelten Arterien anzweifelhafte Leberzellen.

Gehirn. Vom Gehirn ist nur ein kleines Stück des Stirnhirns, der Kopf des linken Nucleus caudatus und Brücke und Medulla oblongata aufbewahrt.

Im Stirnhirn ausser praller Füllung der Venen und Kapillaren keine Veränderungen. Im Bereiche der im linken Nucl. caudatus gelegenen Blutung ist die Gehirnsubstanz in grosser Ausdehnung zertrümmert, die roten Blutkörperchen zum Teil nur noch blass mit Eosin färbbar. Die Gliakerne sind nur noch schwach tingirbar, die Ganglienzellen kernlos, zum Teil in körnigem Zerfall begriffen, zum Teil in glänzende Schollen verwandelt. Die innerhalb des Blutherdes gelegenen Kapillaren zum Teil strotzend mit Blut gefüllt, zum Teil durch hyaline Thromben geschlossen; ein in der unmittelbaren Nähe der Blutung gelegener kleiner Venenstamm durch einen glänzenden feinstreifigen Pfropf verlegt, welcher geschrumpfte Kerne einschliesst. Die Arterien prall gefüllt, in ihrer Lymphscheide reichliche rote Blutkörperchen. Im Pons ganz spärliche, wenig ausgedehnte Blutungen, welche um prall gefüllte Kapillaren liegen; in äusserst spärlichen Kapillaren hyaline Thromben, in der Umgebung derselben zeigt die Hirnsubstanz einen eigenthümlich starren Glanz, ist kernlos und färbt sich mit Eosin und Carmin leuchtend rot; die Kapillaren erscheinen gleichsam von einem hyalinen Mantel umgeben.

Pankreas und Herz nicht untersucht.

Die Blutungen in der Magenschleimhaut liegen um prall gefüllte Kapillaren und Venen, in letzteren sind die roten Blutkörperchen häufig so dicht gedrängt, dass ihre Konturen völlig verschwinden und mit einer homogenen kupferroten (Härtung in Müller'scher Lösung und Eosinfärbung) Masse ausgefüllt erscheinen. Die Venen in der Submucosa prall gefüllt; hie und da durch Plättchen- und fibrinöse Thromben verlegt.

Fall VI.

Sektionsbericht. Schulz, 23 Jahre, Buchbindersehefrau. (Erkrankte am 1. VII. abends mit Krämpfen, gest. 3. VII. 1890), sec. 4. VII.

Kleiner, gracil gebauter weiblicher Leichnam; blasse Hautfarbe; Lippen cyanotisch. Gesicht stark gedunsen, ebenso die Halsgegend. An den unteren Extremitäten Ödeme. Fettgewebe reichlich entwickelt. Muskulatur dunkelbraunrot. Mammae stark entwickelt, lassen reichlich Colostrum ausdrücken.

Kopfhöhle. Die weichen Schädeldecken sehr blutreich, namentlich die Galea stark injicirt. Das Schädeldach leicht asymmetrisch, die Nähte noch deutlich sichtbar. Am Periost treten zahlreiche punktförmige Hämorrhagien hervor. Auf dem Durchschnitt ist das Schädeldach sklerosirt. Auf der Innenfläche feine Osteophytbildung, am stärksten längst der Art. meningea media. Die harte Hirnhaut durchsichtig, sehr blutreich. Innenfläche glatt. Im Sinus longit. sup. reichlich flüssiges Blut. Die basalen Hirngefässe bluthaltig, zart. Die Hirnnerven zeigen keine Veränderung. Die weichen Hirnhäute enorm hyperämisch. Die Windungen abgeflacht, trocken, glänzend. Auf dem Durchschnitt fällt die mattblaue Färbung der Rinde auf, während die Marksubstanz rein weiss und feuchtglänzend erscheint und nur mässig reichliche, an durchschnittenen Gefässen vorquellende Blutpunkte erkennen lässt. Die Grosshirnganglien zeigen auf dem Querschnitt ein marmorirtes Aussehen, derart, dass verwaschen graurote Flecken und Streifen und rötlichweisse Herde abwechseln. Hie und da spärliche punktförmige Ekchymosen, besonders unter dem Ependym, welch' letzteres zart ist. Gyri und Hirnschenkel mässig blutreich, ebenso das Kleinhirn. Auf Querschnitten der Brücke und Medulla oblongata mässig zahlreiche dunkelrote Blutpunkte. Kleinhirn feucht glänzend, blutarm. In den Sinus der Basis dunkelrotes flüssiges Blut.

Brustköhle. Zwerchfellstand beiderseits an der 4. Rippe. Thymus geschwunden. Im vorderen Mediastinum spärliche Blutungen. Pleurahöhlen enthalten eine Spur seröser Flüssigkeit. Die Lungen retrahiren sich gut.

5*

Im Herzbeutel eine geringe Menge klarer seröser Flüssigkeit; beide Blätter glatt und spiegelnd.

Das Herz etwas vergrössert und zwar besonders der rechte Ventrikel ganz entschieden dilatirt. Derselbe enthält dunkelrotes, flüssiges Blut neben vereinzelten speckhäutigen Gerinnseln. Die Musknlatur leidlich kräftig, braunrot gefärbt. Klappen intakt. Der linke Ventrikel nicht dilatirt, aber deutlich hypertrophisch, stellenweise etwas getrübt. Klappen zart.

Die Lungen sind ziemlich voluminös; Oberfläche pigmentirt. An den vorderen Rändern emphysematös, mässig blutreich; in den hinteren und unteren Partien reichlicher Blutgehalt, hier das Gewebe etwas derb. Von der Schnittfläche entleert sich feinschaumige, blassrötlich gefärbte Flüssigkeit. Sowohl im Ober- als im Unterlappen treten spärliche, teils subpleural, teils central gelegene kleine Blutungen hervor. Die grossen Lungengefässe leer. Die Bronchien enthalten schaumige Flüssigkeit. Die Schleimhaut injicirt.

Halsorgane nicht secirt.

Bauchhöhle. In der Bauchhöhle eine Spur freien Serums. Nach Eröffnung sieht man die Därme in normaler Lage, etwas durch Luft aufgetrieben. Der Uterus in der Mittellinie liegend, überragt fünffingerbreit die Symphyse. Am Bauchfell ziemlich starke Gefässinjektion, hie und da streifenförmige Blutungen. Nach Entfernung der Därme fällt die starke Erweiterung der grossen Unterleibsvenen in die Augen, besonders stark sind erweitert und prall gefüllt die Vena cava inf. und die Venae spermaticae. Die Leber überragt dreifingerbreit den Rippenbogen, ihre Oberfläche ist im allgemeinen braunrot gefärbt, unter der Kapsel treten äusserst zahlreiche dunkelrote Flecken und Streifen hervor.

Die Milz nicht vergrössert, mässig blutreich, Kapsel zart. Pulpa braunrot gefärbt, etwas vorquellend.

Nebennieren ohne Veränderungen.

Die Fettkapsel der Nieren gut entwickelt. Capsula fibrosa zart, leicht abziehbar. Die Nieren nicht vergrössert, von ziemlich fester Konsistenz; die Oberfläche graugelblich gefärbt, hie und da verwaschen granrote Streifen und Flecken. Die sternförmigen Venen stark gefüllt. Die Rinde, nur wenig verbreitert, zeigt dasselbe Aussehen auf dem Durchschnitt, als die Oberfläche. Die Marksubstanz sehr blutreich, deutlich gezeichnet. Nierenbecken nicht erweitert, ebensowenig die Ureteren.

Die Harnblase zusammengezogen, enthält nur einige Tropfen trüben Urins. Die Schleimhaut ödematös, zeigt zwei symmetrische, von der Urethra aus nach oben verlaufende 3 cm lange, $1/2$ cm breite streifige Blutungen.

Die Schamlippen sind leicht ödematös, zeigen vielfache oberflächliche Abschorfungen, welche mit coagulirtem Blute bedeckt sind. Die Scheide ist weit, ihre Schleimhaut mit ausgedehnten Hämorrhagien durchsetzt; die Muttermundslippen abgeplattet, von Hämorrhagien durchsetzt. Die gleiche Beschaffenheit zeigt der Cervix. Das Corpus uteri ist $11 1/2$ cm lang, 10 cm breit, die Wand $1 1/2 - 2$ cm dick. In der Uterushöhle locker geronnenes Blut, nach dessen Entfernung die Innenfläche grösstenteils glatt und blassrot erscheint. Nur an der Placentarstelle, die sich an der vorderen Wand befindet, vereinzelte fest anhaftende Blutgerinnsel, in den Uterusvenen flüssiges Blut. Die Tuben an ihrem abdominellen Ende stark injicirt, Ovarien ziemlich gross, im rechten ein Corpus luteum verum.

Die Leber von normaler Grösse, wiegt 1750 g. Wie erwähnt, treten auf der Oberfläche zahlreiche dunkelrote Flecken und Streifen hervor. Dieselben sind scharf gegen die Umgebung abgesetzt, unregelmässig zackig begrenzt, stellenweise erreichen sie die Grösse eines Markstückes, der grösste Teil überschreitet allerdings die Grösse einer Linse nicht. Auf der Schnittfläche ebenfalls zahlreiche dunkelrote Flecken und Streifen. Hie und da bemerkt man spärliche opake, gelbweisse Flecken und Streifen. Das zwischen diesen Herden gelegene Lebergewebe ist braunrot gefärbt, etwas trübe. In der Gallenblase dünnflüssige, fadenziehende Galle. Gallengang durchgängig.

Magenschleimhaut fleckig gerötet. Darmschleimhaut blass. Pankreas blutreich. Aorta zeigt keine Abnormitäten.

Bakteriologische Untersuchung nicht vorgenommen.

Mikroskopische Untersuchung. *Leber.* In der Leber zahlreiche hämorhagische Nekrosen frischeren Datums. Die Leberzellen im Bereiche der Hämorrhagien in ihren Konturen noch erhalten, aber kernlos; zwischen ihnen hie und da ein feinfädiges Fibrinnetz. Im periportalen Gewebe, soweit es den hämorrhagischen Nekrosen benachbart ist, ausgedehnte Blutungen, welche stellenweise in die Gallengänge eingebrochen sind. In zahlreichen interlobulären Venen feinkörnige und feinfädige Pfröpfe, ebenso in den aus ihnen hervorgehenden Kapillaren. Die Arterien hie und da prall gefüllt. In den Lebervenen spärliche Leberzellen. Die ausserhalb der nekrotischen Herde liegenden Leberzellen getrübt, aber nicht verfettet. In vereinzelten Kapillaren zahlreiche kurze Bacillen.

Nieren. a) Im frischen Präparat die Epithelien der gewundenen Kanälchen getrübt, hie und da von Fetttröpfchen durchsetzt; in vereinzelten Glomeruli feinste Fetttröpfchen in den Schlingenepithelien.

b) Im gehärteten Präparat die Glomeruli grösstenteils intakt; hie und da feinkörniges Exsudat in den Kapselräumen. Die Schlingen stellenweise vom Epithel entblösst, trübe. Die Epithelien der gewundenen Kanälchen zeigen meist gut färbbare Kerne; nur ganz vereinzelte Epithelien kernlos oder mit abgeblassten Kernen. An den Epithelien der Henle'schen Schleifen keine Veränderungen. Im Lumen hie und da feinkörniges Exsudat. In den Sammelröhren zahlreiche hyaline Cylinder. Im interstitiellen Gewebe keine Veränderungen. Die Kapillaren der Rinde meist leer, in vereinzelten Stase; letztere auch in kleinen Venen des Markes. Die Arterien meist leer.

In einer etwas grösseren Vene des Markes finden sich, dicht von roten Blutkörperchen umgeben, ziemlich grosse viereckige und polygonale Zellen mit einem grossen, protoplasmatischen Leib und bläschenförmigen, blassgefärbten Kernen. Das Protoplasma schliesst hie und da feine goldgelbe Pigmentkörnchen ein. Diese Zellen stimmen in ihrem morphologischen Verhalten völlig mit Leberzellen überein; es ist im hohen Grade wahrscheinlich, dass sie durch retrograde Embolie an ihren Fundort gelangt sind.

Lunge. In den Lungenkapillaren enorme Mengen von Placentarzellen. Dieselben werden in keinem den verschiedensten Lungenabschnitten entnommenen Schnitte vermisst. In zahlreichen Bezirken des Unterlappens ausgedehnte hyaline Thrombose der Kapillaren; hier in den Alveolen häufig eine fibrinöse Ausscheidung und Austapezierung der Alveolarwände mit einer hyalinen Schicht; in dem Fibrinnetze keine oder nur spärliche Leukocyten. Die thrombosirten Kapillaren kernarm, hie und da kernlos. In beiden Ober- und Unterlappen zahlreiche kleine Blutungen. Die kleineren Arterien meist prall gefüllt, in ihnen spärliche, unzweifelhafte Leberzellen. Die grösseren Arterien und Venen meist leer.

Gehirn nicht untersucht.

Herz. Die Muskelfasern stark getrübt, aber nicht verfettet. Keine Blutungen. Die Kapillaren stark gefüllt. Die Arterien leer.

Pankreas normal.

Uterus. Die grossen Venen an der Placentarstelle durch rote Thromben geschlossen, welche mitunter mehrkernige Riesenzellen einschliessen.

Fall VII.

Sektionsbericht. **Wagner**, 21 Jahre; gest. 11. VIII. 1890.

Mittelgrosser, kräftig gebauter weiblicher Körper, sehr fettreich. An den Extremitäten und am Rumpfe zahlreiche, zum Teil sehr ausgedehnte Blutungen im subcutanen Gewebe und in der Muskulatur. Letztere braunrot gefärbt, feucht. Lippen cyanotisch, sonst die Hautfarbe blass. An der Bauchhaut zahlreiche frische Schwangerschaftsnarben. Die Brüste gross, prall, lassen reichlich Colostrum ausdrücken.

Kopfhöhle. Die weichen Schädeldecken blutreich, hie und da von bis markstückgrossen Blutungen durchsetzt. Knöcherner Schädel dolichocephal, dünn. Diploë blutreich. An der Tabula vitrea längs des Sinus longit. sup. dicht stehende Schwangerschaftsosteophyten.

Dura mater blutreich, straff gespannt, von normaler Dicke. Im Sinus longitud. super. eine geringe Menge dunkelroten, flüssigen Blutes.

Die weichen Hirnhäute zart, blutreich. Die Gyri deutlich abgeplattet.

Die Gehirnsubstanz weich, feuchtglänzend, mässig blutreich. Seitenventrikel leer. Unter dem Ependym und in der Substanz der Centralganglien vereinzelte punktförmige Blutungen; ebenso in der Brücke und Medulla oblong.

Kleinhirn mässig blutreich.

Brusthöhle. Zwerchfellstand beiderseits im 4. Intercostalraum. Die Pleurahöhle leer; die linke Lunge retrahirt sich gut, die rechte durch kurzfädige Verwachsungen an die seitliche Thoraxwand angeheftet.

Perikard zeigt keine Veränderungen.

Das Herz von normaler Grösse, unter dem Perikard vereinzelte Blutungen. Die Muskulatur schlaff und morsch, von fast lehmartiger Farbe. Klappen und Endokard intakt.

Lungen sehr blutreich und ödematös, wenig pigmentirt; in den Unterlappen mehrere Blutungen. Pleura glatt und spiegelnd. In der Trachea und in den Bronchien feinschaumige Flüssigkeit. Die Schleimhaut stark injicirt, lässt hie und da vereinzelte Blutungen erkennen.

Schilddrüse colloïd.

Bauchhöhle. Die Bauchhöhle enthält keine freie Flüssigkeit; Bauchfell glatt und spiegelnd.

Milz gross (14 : 8 : 4), blutreich und weich.

Die Nieren von normaler Grösse, tief dunkelrot gefärbt, von fester Konsistenz. Oberfläche glatt. Schnittfläche sehr blutreich, Rinde von normaler Breite, deutlich gezeichnet. Nierenbecken und Ureteren nicht erweitert, blass.

Die Harnblase, deren Schleimhaut blass ist, enthält eine geringe Menge trüben Urins.

Der Uterus über kindskopfgross, ist stark kontrahirt, die Serosa glatt. Die Muskulatur blass, rötlichweiss gefärbt. In der Höhle spärliche zähe Cruormassen, welche der Wand ziemlich fest anhaften, im Fundus die Placentarstelle. In der Portio zwei bis in das hintere Scheidengewölbe reichende oberflächliche Risse. Scheide tief blaurot gefärbt.

Die Leber etwas vergrössert, von praller Konsistenz. Die Oberfläche glatt, zeigt ein buntgeflecktes Aussehen, indem braunrote, normalen Leberinseln entsprechende Partien mit dunkelroten, prominirenden Flecken und Streifen ohne acinöse Struktur abwechseln; letztere haben eine sehr unregelmässige Form und Grösse. Daneben bemerkt man zahlreiche hirsekorn- bis erbsengrosse, meist rot umsäumte, opake, gelbe Herde, welche unter die Oberfläche zurücksinken und völlig homogen erscheinen. Die Schnittfläche zeigt genau dasselbe Bild wie die

Oberfläche. Die Gallenblase prall mit gelbbrauner Galle gefüllt. Schleimhaut glatt. Magen und Darmschleimhaut blass.

Pankreas sehr schlaff, blutreich.

Bakteriologische Untersuchung. Der bakteriologischen Untersuchung wurde nur die Leber unterzogen; sie fiel negativ aus.

Mikroskopische Untersuchung. *Leber.* In der Leber multiple anämische und hämorrhagische Nekrosen älteren und frischeren Datums. In den interlobulären Venen Thromben. In vereinzelten Lebervenen unzweifelhafte Leberzellen. *Nieren.* a) Bei der frischen Untersuchung ergiebt sich eine mässige Trübung der Epithelien. Keine Verfettung.

b) Im gehärteten Präparat erscheinen sämmtliche Strukturbestandteile völlig normal; nur die Anwesenheit von feinkörnigen Niederschlägen in den Kapselräumen und den Harnkanälchen weist darauf hin, dass intra vitam eine Funktionsstörung bestanden hat. Die Gefässe ausserordentlich prall gefüllt; in vereinzelten Glomerulis hyaline Thrombose der Schlingen, ebenso in vereinzelten interlobulären Kapillaren.

Lungen. In den Lungen hyaline Thromben in vereinzelten Kapillarbezirken; multiple, wenig ausgedehnte Blutungen in den Alveolaren, im Bereich der letzteren die Venen durch Plättchenthromben verschlossen. In zahlreichen kleinen Arterienästen wandständige und obturirende Thromben. Grossartige Placentarzellenembolien. In kleineren Arterien spärliche Leberzellen.

Gehirn. In der Hirnrinde, den Centralganglien, Pons und Medulla ziemlich ausgedehnte hyaline Thrombose der Kapillaren und kleineren Venen; in der Umgebung der thrombosirten Gefässe hie und da Blutungen und kleine Erweichungen. In den Venen Stase, hie und da Plättchen-, fibrinöse und hyaline Thromben. Die Arterien meist leer, nur ganz vereinzelte thrombosirt, in letzterem Falle die Lymphscheide prall mit roten Blutkörperchen gefüllt.

Herz. Hochgradige Trübung der Muskelfasern, die Querstreifung fast nirgends mehr zu erkennen. An vereinzelten Stellen die Muskelfasern wachsig degenerirt. Im gehärteten Präparat zeigt sich, dass die Muskulatur von multiplen feinen Blutungen durchsetzt ist. Die Muskelfasern häufig in kernlose Massen umgewandelt. Die Kapillaren herdweise enorm gefüllt, nur vereinzelte durch hyaline Thromben geschlossen. In kleinen Venen hyaline und Plättchenthromben; ebenso in den Arterien.

Pankreas. Im Pankreas multiple Blutungen und Nekrosen.

Fall VIII.

Sektionsbericht. Ronneberger, Marie, gest. 9./VIII. 1890. Sektion 2 St. p. m.

Grosse, kräftig gebaute weibliche Leiche; guter Ernährungszustand. Starke Ödeme an den unteren Extremitäten. Haut blass, die sichtbaren Schleimhäute stark cyanotisch. Unterleib halbkugelig aufgetrieben, mit reichlichen frischen Striae, die äusseren Genitalien etwas ödematös.

Fettgewebe gut entwickelt; Muskulatur kräftig, dunkelrot, stark feuchtglänzend.

Kopfhöhle. Die weichen Schädeldecken sehr blutreich, von zahlreichen hirsekorn- bis linsengrossen Blutungen durchsetzt, etwas ödematös. Knöchernes Schädeldach zeigt eine leichte Asymmetrie. Tabula externa glatt. Diploë blutreich. Tabula vitrea in grosser Ausdehnung mit dünnen Lagen von Osteophyten besetzt.

Dura mater sehr stark gespannt, nirgends verdickt; an der Innenfläche vereinzelte Blutungen. Sinus longit. sup. enthält dunkelrotes, flüssiges Blut.

Gehirnoberfläche trocken glänzend. Gyri abgeflacht; Venen prall gefüllt.

Gehirnsubstanz von praller Konsistenz, sehr blutreich, feucht glänzend, in der Rinde und im weissen Marklager spärliche punktförmige Blutungen. Ventrikel leer. An der Grenze zwischen linkem Thalamus optic. und Nucleus caudatus findet sich dicht unter dem Ependym eine linsengrosse Blutung; eine ebensolche im hinteren Drittel des linken Thalamus. Punktförmige Blutungen bemerkt man ferner in den rechtseitigen Centralganglien.
Kleinhirn ödematös.
In der Brücke mehrere punktförmige Ekchymosen.
Brusthöhle. Zwerchfellstand rechts an der 4. Rippe, links im 4. Intercostalraum. Thymus noch fast in ganzer Ausdehnung erhalten, sehr blutreich. Pleurahöhlen leer. Die Lungen retrahiren sich stark.

Das Herz ist etwas vergrössert, besonders der linke Ventrikel. Der rechte Ventrikel etwas erweitert, enthält dunkelrotes, flüssiges Blut, seine Muskulatur schlaff, hellbraunrot gefärbt. Klappen intakt. Der linke Ventrikel und Vorhof mässig erweitert, die Muskulatur hypertrophisch (15 mm), von weicher, schlaffer Konsistenz, dunkelgraurot gefärbt, mit vereinzelten verwaschenen, gelbgrauen Flecken. Klappen glatt und zart. Die Coronargefässe intakt.

Die Lungen überall lufthaltig, dunkelblaurot gefärbt, sehr blutreich und ödematös. Sowohl an der Oberfläche, als auf der Schnittfläche bemerkt man zahlreiche linsen- bis zehnpfennigstückgrosse Blutungen, welche mitunter, und zwar besonders die subpleural gelegenen eine deutlich keilförmige Gestalt besitzen. Daneben erbsen- bis kirschgrosse opake, gelbweisse, derbe Herde, von trockenem Aussehen. In den Bronchien schaumige Flüssigkeit, die Schleimhaut stark injicirt.

Die Halsorgane zeigen keine Abnormitäten.

Bauchhöhle. Die Bauchhöhle enthielt 1 l klare Flüssigkeit. Bauchfell glatt und spiegelnd. Omentum fettreich.

Milz vergrössert, ziemlich weich und schlaff, blutreich, Follikel deutlich.

Nebennieren blutreich.

Die Nieren von normaler Grösse und fester Konsistenz. Die Kapsel leicht abziehbar. Die Oberfläche glatt, rötlich-weiss gefärbt, stellenweise leicht gelblich; hie und da bemerkt man vereinzelte Blutungen. Die Rinde nicht verbreitert, etwas vorquellend, hellgraurot gefärbt, deutlich gezeichnet und scharf von der tiefdunkelroten Marksubstanz abgesetzt. Im Nierenbecken, welches etwas erweitert ist, zahlreiche punktförmige Hämorrhagien. Beide Ureteren erweitert.

Die Scheidenschleimhaut dunkelblaurot gefärbt, etwas ödematös. Der äussere Muttermund etwas erweitert, die hintere Lippe erodirt. Der Uterus enthält eine noch von den intakten Eihäuten umgebene Frucht von 47 cm Länge; seine Wand ist dünn, rötlichweiss gefärbt. An der hinteren Wand sitzt die Placenta, welche ziemlich reichlich von erbsengrossen, weissen Infarkten durchsetzt ist. Die Venae uterinae und spermaticae sind stark dilatirt und mit dunkelrotem, flüssigem Blut erfüllt. Im linken Ovarium ein kirschgrosses Corpus luteum verum. Die Tubenschleimhaut stark injicirt.

Die Leber von normaler Grösse, ziemlich derb, deutlich ödematös. Die Oberfläche glatt und im allgemeinen bräunlich-graurot gefärbt; es treten aber an der Oberfläche des rechten wie linken Lappens, besonders aber am Lobulus Spigelii zahlreiche, tiefrot gefärbte Flecken von Punkt- bis Fünfpfennigstückgrösse und unregelmässig zackiger Form hervor. Daneben bemerkt man spärliche Herde, die von einem tiefroten Saume umgeben werden. Die Schnittfläche, welche mässig blutreich ist, zeigt dasselbe Aussehen, wie die Oberfläche; nur treten hier zahlreichere gelblichweisse, trockene Herde hervor, in deren Bereich die acinöse Struktur, welche im allgemeinen gut zu sehen ist, gar nicht erkannt werden kann.

Die Gallenblase enthält dickflüssige, zähe Galle. Gallengang durchgängig. Magenschleimhaut stark geschwollen, hie und da vereinzelte Blutungen. Pankreas sehr blutreich.

Sektion des Fötus. Der Fötus männlichen Geschlechts ist 47 cm lang. Die Haut mit Lanugo und Vernix caseosa bedeckt. Die Nabelschnur 2 mal um den Hals geschlungen.

An den Lungen, welche sehr blutreich sind, bemerkt man zahlreiche Ekchymosen, die zum Teil subpleural liegen. Auch unter dem Perikard zahlreiche Blutungen.

Die Nieren ziemlich gross, sehr blutreich, weich; die Rinde von zahlreichen Blutungen durchsetzt, blass-graurot gefärbt. Die Leber gross, weich, sehr blutreich; im rechten Lappen vereinzelte subkapsuläre Blutungen.

An den Knochen keine Veränderungen.

Bakteriologische Untersuchung ergiebt vollständiges negatives Resultat.

Mikroskopische Untersuchung. *Leber.* In der Leber multiple, ausgedehnte hämorrhagische, spärliche anämische Nekrosen, wie sie bei Fall II beschrieben wurden. Die Nekrosen sind noch frischeren Datums, da die Leberzellen, welche in einem feinfädigen Fibrinnetz liegen, wenn auch kernlos, so doch in ihren Konturen gut erhalten sind. Das periportale Gewebe vielfach blutig infiltrirt. In zahlreichen interlobulären Venen hyaline und feinstreifige Pfröpfe; in manchen grösseren Pfortaderästen wandständige Plättchenthromben. Derselbe Befund an vereinzelten Arterien. In den feinsten interlobulären Gallengängen vielfach, besonders in der Umgebung der nekrotischen Herde Gallenthromben, in vereinzelten grösseren Gallengängen spärliche rote Blutkörperchen. Im übrigen Lebergewebe die Leberzellen getrübt, aber nicht verfettet. In vereinzelten Central- und grösseren Lebervenen unzweifelhafte Leberzellen.

Nieren. Die Glomeruli in der Mehrzahl intakt, allerdings in zahlreichen Kapselräumen feinkörniges Exsudat. An vereinzelten Glomerulis Epitheldesquamation, die vom Epithel entblössten Schlingen meist trübe; hie und da die Schlingen mit reichlichen Leukocyten und hyalinen Massen ausgefüllt. In Osmiumpräparaten erscheinen in manchen Glomerulis die Schlingen mit schwarzen Massen ausgegossen (Fettembolie.) Das Epithel der gewundenen Kanälchen stark getrübt und hie und da kernlos; im Lumen derselben feinste Eiweisskörnchen. Das Epithel der Henle'schen Schleifen ebenfalls getrübt, in den aufsteigenden Schleifenschenkeln häufig ausgedehnte Epithelnekrose; in ihrem Lumen feinkörniges Exsudat und spärliche hyaline Cylinder; letztere sehr zahlreich in den Sammelröhren. Im interstitiellen Gewebe hie und da kleine Blutungen in der Umgebung prall gefüllter Kapillaren; nirgends Rundzellenanhäufungen. Die Kapillaren meist leer. Die Arterien sehr eng, in vereinzelten wandständige Plättchenthromben. Venen der Marksubstanz prall mit roten Blutkörperchen gefüllt.

Lungen. In den Lungen besteht ausgedehnte Fettembolie. Im Bereich der im Sektionsbericht erwähnten Blutungen, neben denen sich noch zahlreiche, wenig ausgedehnte mikroskopische finden, die Kapillaren prall mit roten Blutkörperchen gefüllt. In zahlreichen kleineren und grösseren Arterien und Venen wandständige und total obturirende, teils aus feinkörnigem und feinstreifigem Material bestehende Thromben. In den Kapillaren sowohl, als in den Arterien äusserst zahlreiche Placentarstellen und spärliche, unzweifelhafte Leberzellen. Ausserdem bemerkt man in mehreren kleinen Arterien häufig kleine kubische Zellen mit tief schwarzblau gefärbten Kernen, welche häufig zu vieren und sechsen zusammenhängen und in ihrer Grösse und ihrem sonstigen morphologischen Verhalten den die Placentarzotten überziehenden Epithelien gleichen.

Gehirn. Im Gehirn multiple Blutungen, die grösstenteils erst mikroskopisch nachweisbar sind und besonders zahlreich in der Rinde des Stirnhirns, der Schläfenwindungen, dem Nucleus caudatus und der Brücke gefunden werden. Sie liegen in der Umgebung von kleinen Gefässen (Arterien sowohl, wie Venen) und Kapillaren, die teils enorm dilatirt, teils durch Thromben (Plättchen-, hyaline und fibrinöse Thromben) verschlossen sind. Die Thromben sind nicht auf die Blutungen beschränkt, sondern finden sich auch in anderen Gefässen. Mit der Thrombose verbindet sich häufig eine hyaline Degeneration der Wand und der anliegenden Gehirnsubstanz. Im Thalamus opticus eine kleine Erweichung, in deren Bereich und Umgebung eine ausgedehnte hyaline Thrombose der Kapillaren besteht.

Herz. Im Herzen besteht starke Trübung der Muskelfasern und geringe Verfettung. Im Bereiche der oben erwähnten Blutungen die Muskelfasern teils nekrotisch, in unregelmässige kernlose Schollen zerfallen, teils in hyaliner Degeneration begriffen. Die Gefässe enorm gefüllt, hie und da in ihnen teils wandständige, teils obturirende Plättchenthromben.

Pankreas. Im Pankreas ganz spärliche Blutungen in der Umgebung thrombosirter Venen. Innerhalb der Blutungen die Drüsenepithelien kernlos.

Uterus. In den an der Placentarstelle liegenden Venen, die prall mit Blut gefüllt sind, spärliche, frei im Lumen liegende Riesenzellen; die Wand dieser Venen von einkernigen Endothelien ausgekleidet. In der Placenta multiple weisse Infarkte, daneben aber findet sich in zahlreichen intervillösen Räumen eine feinkörnige und feinfädige trübe Masse, welche abgeblasste rote Blutkörperchen und Kerndetritus einschliesst. Die Zellenepithelien kernlos und aufgequollen. Das Zottenstroma ebenfalls kernlos, von Blutungen durchsetzt, welche sich häufig zwischen Epithel und Zottenstroma eindrängen. In der Umgebung dieser Herde die Zotten meist gut kernhaltig, aber von Blutungen durchsetzt, durch welche das Epithel vielfach in Form grösserer oder kleinerer Fetzen von der Unterlage abgehoben ist.

An den kindlichen Organen finden sich keine Veränderungen.

Fall IX.

Sektionsbericht. Gottstein, Elise. Müllersfrau, 24 Jahre, Primipara. (Erkrankte am 18./IX. 1890 mittags; gest. 19. IX.); sec. 19. IX. 1890.

Mittelgrosse, kräftig gebaute weibliche Leiche; leidlich gut genährt. Hautfarbe blass, keine Ödeme. An der Bauchwand reichliche Striae, Muskulatur kräftig, braunrot gefärbt.

Kopfhöhle. Das knöcherne Schädeldach sehr schwer und dick. Aussenfläche glatt, graugelblich gefärbt, Diploë erhalten, wenig blutreich. An der Innenfläche reichliches Schwangerschaftsosteophyt. Die harte Hirnhaut stark gespannt, nicht verdickt; Aussenfläche stark injicirt, Innenfläche glatt und spiegelnd. Im Sinus longit. sup. flüssiges Blut. Die weichen Hirnhäute an der Konvexität ausserordentlich blutreich; die Venen bis in die feinsten Verzweigungen gefüllt. Die subarachnoïdealen Räume leer. Die Gyri abgeplattet, trocken, glänzend. Die Rinde grauviolett gefärbt. Die Marksubstanz feucht glänzend, lässt zahlreiche abspülbare Blutpunkte erkennen, nirgends Blutungen. Die Seitenventrikel enthalten eine Spur blassrötlich gefärbter Flüssigkeit, ihr Ependym zart. Die Centralganglien blutreich, ebenso Brücke und Medulla oblongata.

Brusthöhle. Zwerchfellstand links an der 5., rechts 4. Rippe.

Thymus geschwunden. Mediastinum zeigt keine Abnormitäten. Pleurahöhlen leer. Lungen sinken gut zurück.

Im Herzbeutel eine Spur seröser Flüssigkeit; beide Blätter glatt und spiegelnd.

Das Herz etwas vergrössert, und zwar betrifft die Vergrösserung beide Ventrikel gleichmässig. Subperikardiales Fettgewebe reichlich entwickelt. Gefässe an der Oberfläche stark gefüllt. Im rechten Ventrikel dunkelrotes, flüssiges Blut und spärliche Menge Cruor; Muskulatur von derber Konsistenz, braunrot gefärbt, die Höhle etwas erweitert, Klappen zart. Der linke Ventrikel ist stärker kontrahirt, die Wand hypertrophisch, die Höhle eng. An der hinteren Wand zwei etwa markstückgrosse, verwaschen graugelblich gefärbte, scharf umschriebene Herde, die von der Umgebung durch einen tiefrot gefärbten Saum abgesetzt werden. Klappen zart. In der Aorta ascendens keine Veränderungen. Coronargefässe intakt.

Die Lungen sind überall gut lufthaltig, der pleurale Überzug glatt und spiegelnd. Die vorderen Partien granrot, die hinteren dunkelrot gefärbt. Auf der Schnittfläche des Oberlappens fliesst reichlich rötlich gefärbte, schaumige Flüssigkeit ab. Die Unterlappen weniger ödematös; es springen hier aber auf der Schnittfläche teils dunkelrot gefärbte, teils graurote Herde hervor, die sich derber anfühlen und auf dem Schnitt eine feine Granulirung erkennen lassen. In den Bronchien reichliche schaumige Flüssigkeit. Schleimhaut etwas injicirt. Die Bronchialdrüsen etwas pigmentirt, mit vereinzelten kleinen kreidigen Herden. Tonsillen klein, atrophisch. Die Pharynxschleimhaut stark injicirt. Die Schilddrüse colloid. In der Trachea feinschaumige Flüssigkeit.

Bauchhöhle. In der Bauchhöhle keine freie Flüssigkeit. Die Höhle des kleinen Beckens ist von dem stark kontrahirten kindskopfgrossen Uterus angefüllt. Die Dünndarmschlingen stark durch Luft aufgetrieben, die Serosa überall glatt und spiegelnd. Grosses Netz fettreich.

Die Milz wiegt 185 g, ist von schlaffer Konsistenz. Pulpa verwaschen, dunkelblaurot gefärbt, quillt etwas hervor. Follikel und Trabekel undeutlich.

Die Nieren von normaler Grösse, Kapsel leicht abziehbar, Oberfläche glatt, marmorirt, derart, dass grangelbe Herde mit verwaschen grauroten abwechseln. Konsistenz derb. Die Rinde nicht verbreitert, verwaschen, graugelblich und graurot gefärbt, trübe. Die Marksubstanz scharf gegen die Rinde abgesetzt, dunkelblaurot gefärbt. Nierenbecken und Ureteren nicht erweitert. Die rechte Niere etwas grösser als die linke. Kapsel an einigen Stellen adhärent; Oberfläche granrot gefärbt, nur hie und da etwas gelblich. Die Rinde intensiv getrübt. Das Nierenbecken doppelt, ebenso der Ureter bis an die Linea innominata, keine Erweiterung derselben.

In der Harnblase geringe Menge schwachgrünen Urins, Schleimhaut fleckig gerötet, im Trigonum vereinzelte Blutungen.

Die Scheide weit, in ihrer hinteren Kommissur ein $1^3/_4$ cm langer Riss. Die Scheidenschleimhaut von Blutungen durchsetzt, im hinteren Scheidengewölbe oberflächliche Abschürfungen. Der Muttermund klafft sehr weit. Die Muttermundslippen geschwollen, blutig infiltrirt. Der Fundus uteri enthält vereinzelte schlaffe Blutgerinnsel, nach deren Entfernung die Innenfläche im allgemeinen glatt erscheint. An der hinteren Fläche die Placentarstelle. Die Venen an derselben nicht thrombosirt. Die Muskulatur rötlichweiss gefärbt, die venösen Sinus leer. Parametrien normal. Die Tuben an ihrem abdominalen Ende stark injicirt. In beiden Ovarien vereinzelte erbsengrosse Cysten, im rechten Ovarium ein frisches Corpus luteum. Die Venae uterinae und spermaticae mit flüssigem, dunkelrotem Blut prall gefüllt.

Die Leber von normaler Grösse, wiegt 1800 g, Oberfläche im allgemeinen blass braunrot gefärbt. Auf der Oberfläche des rechten Leberlappens, spärlicher auf der des linken stecknadel- bis linsengrosse, unregelmässig zackig umgrenzte rote Flecken, die etwas auf der Schnittfläche vorspringen und häufig im Centrum einen feinen weissen Punkt erkennen lassen. Konsistenz schlaff; auf der Schnittfläche sind ebenfalls zahlreiche rote Flecken und Streifen erkennbar, hie und da bemerkt man scharf umschriebene, opake, gelbgraue Flecken, im Bereich deren die acinöse Struktur vollständig verwischt ist. Die Pfortader enthält dunkelrotes, flüssiges Blut. Die grossen Lebervenen leer, durch ihre Wand schimmern hie und da die im Leberparenchym liegenden Blutungen hindurch. Die Magenschleimhaut im allgemeinen blass, auf der Höhe ihrer Falten etwas gerötet. An der kleinen Kurvatur vereinzelte Blutungen und hämorrhagische Erosionen.

Die Darmschleimhaut blass; die Mesenterialvenen leer.

Sektion des Kindes, welches 6 Stunden gelebt hat.

50 cm langes, gut entwickeltes Kind. Die Hautdecken im allgemeinen blass, Gesicht etwas cyanotisch.

Die Lungen lufthaltig, an der Pleura zahlreiche Ekchymosen. Im Herzen flüssiges Blut.

Die Milz 12 g schwer, sehr blutreich, derb. Nieren etwas vergrössert, von mässig fester Konsistenz, Kapsel leicht abziehbar. Die Oberfläche im allgemeinen graurot gefärbt, von zahlreichen punktförmigen Blutungen übersät. Letztere an der Rinde erkennbar, welche etwas vorquillt. Die Marksubstanz tief dunkelrot gefärbt. Die Leber blaurot gefärbt, von praller Konsistenz. Magen und Darm ohne Veränderungen.

Bakteriologische Untersuchung. Die bakteriologische Untersuchung ergiebt in bezug auf Gehirn, Leber und Nieren, sowie auf die kindlichen Organe ein negatives Resultat. Aus den aus der Lunge und der Milz angelegten Platten wachsen spärliche Kolonien von Staphylococcus pyogenes aureus und mehrere Kulturen eines sehr beweglichen, in Gelatine verflüssigenden Bacillus.

Mikroskopische Untersuchung. In der Leber zahlreiche hämorrhagische, spärliche anämische Nekrosen. In den interlobulären Pfortaderästen hyaline Thromben, in den etwas grösseren Pfortaderästen teils wandständige, teils obturirende Plättchenthromben. Die Arterien sind leer. In den Gallengängen hie und da rote Blutkörperchen. In dem nicht nekrotischen Lebergewebe sind die Leberzellen ziemlich stark verfettet. Die Lebervenen leer.

Nieren. Die Glomeruli in der Mehrzahl intakt. An vereinzelten die Kapsel verdickt, an anderen Epitheldesquamation. Die Schlingen teils leer, teils prall mit roten Blutkörperchen gefüllt, vereinzelte hyalin degenerirt. In zahlreichen Kapselräumen feinkörnige Eiweissniederschläge. An den Epithelien der gewundenen Harnkanälchen besteht ausgedehnte Nekrose, nur hie und da trifft man auf Inseln, wo die Epithelien noch kernhaltig sind. Das Epithel der Henle'schen Schleifen hie und da kernlos, meist gut erhalten, aber stark verfettet. Im Lumen der Harnkanälchen feinkörniges Exsudat; in den Sammelröhren zahlreiche hyaline Cylinder. Im interstitiellen Gewebe finden sich zahlreiche, teils um Kapillaren, teils um kleine Venen gelegene Rundzellenherde. Die Kapillaren teils leer, teils so prall mit roten Blutkörperchen gefüllt, dass die Konturen der letzteren nicht mehr zu erkennen sind. Derselbe Befund an zahlreichen kleinen Venen. Die Arterien meist leer, hie und da aber prall mit roten Blutkörperchen erfüllt. In vereinzelten, etwas grösseren, in der Marksubstanz gelegenen Arterienstämmchen finden sich der Wand dicht anliegende feinkörnige und feinfädige Massen, die spärliche abgeblasste und geschrumpfte rote Blutkörperchen und in Zerfall begriffene Leukocyten einschliessen.

Lungen. In den Lungenkapillaren finden sich ausserordentlich zahlreiche Riesenzellen, derart, dass in jedem Schnitt, ans den verschiedensten Teilen genommen, stets diese Zellen in grosser Anzahl gefunden werden. In spärlichen Kapillaren hyaline Thromben. Die grösseren Arterien prall mit roten Blutkörperchen gefüllt, die Venen meist leer. In zahlreichen Bezirken der Lungen finden sich in den Alveolen Blutungen.

Gehirn. In der Rinde des Stirnhirns, sowie in den Centralganglien und Brücke ganz spärliche, wenig ausgedehnte, erst mikroskopisch nachweisbare Blutungen, welche in der Umgebung von prall gefüllten Kapillaren und kleinen Venen liegen. In ganz vereinzelten Kapillaren hyaline Thromben. Nur im rechten Thalamus opticus findet sich an einer circumscripten Stelle eine ausgedehnte hyaline Thrombose der Kapillaren, in ihrer Umgebung ist die Gehirnsubstanz erweicht. Die Arterien der Rinde meist sehr stark gefüllt, in ihrer Lymphscheide häufig ziemlich zahlreiche Blutkörperchen.

Herz. Die Muskelfasern meist gut erhalten, nur hie und da stark mit Fetttröpfchen durchsetzt. Zwischen ihnen ganz spärliche Blutungen. Die Kapillaren und Venen teils leer, teils stark gefüllt, die Arterien leer. Die im Sektionsbericht erwähnten gelbweissen Herde an der hinteren Fläche des Herzens erwiesen sich bei der mikroskopischen Untersuchung als blasse Infarkte. Die Muskelfasern sind kernlos, ohne erkennbare Querstreifung, teilweise in trübe Schollen zerfallen. Die zwischen den Muskelfasern gelegenen Bindegewebszellen sind noch kernhaltig. Die Kapillaren im Bereich der Infarkte durch hyaline Thromben verschlossen. Die hyaline Thrombose setzt sich fort in die kapillaren Arteriolen und endigt in einem etwa stricknadeldicken Arterienast. Hier zeigt der Pfropf eine feine streifige Beschaffenheit und schliesst geschrumpfte Leukocytenkerne ein.

Pankreas normal.

Uterus nicht untersucht.

Magen. In der Magenschleimhaut liegen die Blutungen um prall gefüllte Kapillaren und kleine Venen herum; die in denselben enthaltenen roten Blutkörperchen sind gegeneinander abgeplattet, häufig sind ihre Konturen nicht zu erkennen.

Die kindlichen Organe. In den Lungen spärliche Blutungen, Leber normal.

Nieren. Die Glomeruli vollständig intakt. Die Epithelien der gewundenen Harnkanälchen zum Teil kernlos, gequollen; die Henle'schen Schleifen intakt. In den Sammelröhren feinkörniges Exsudat. In dem interstitiellen Gewebe Blutungen. Arterien prall gefüllt.

Fall X.

Sektionsbericht. Enke, Martha, 20 Jahre. Erkrankt am 27. X. 1889, gest. an Eklampsie 5. XI. 1889.

Mittelgrosse, gracil gebaute weibliche Leiche; an den unteren Extremitäten geringe Ödeme. Die Hautfarbe im allgemeinen blass. An den unteren Extremitäten und am Rumpfe zahlreiche ausgedehnte, subcutan gelegene Blutungen. An der Bauchhaut reichliche frische Striae. Brustdrüsen prall, lassen reichlich Colostrum ausdrücken. Die Muskulatur gut entwickelt, tiefrot gefärbt, hie und da von einzelnen Blutungen durchsetzt. Fettgewebe gut entwickelt.

Kopfhöhle. Die weichen Schädeldecken sind ziemlich blutreich, an der Galea vereinzelte Ekchymosen. Das knöcherne Schädeldach an der Aussenfläche gelbweiss gefärbt. Periost leicht abziehbar, Diploë blutreich. Die Tabula vitrea mässig fest mit der Dura verwachsen, lässt an ihrer Innenfläche ausgedehnte Osteophytbildung erkennen. Die Dura mater ist straff gespannt, von normaler Dicke. Die Innenfläche glatt und spiegelnd. Im Sinus longit. sup. dunkelrotes, flüssiges Blut. Die weichen Hirnhäute zart, die Subarachnoidealräume mässig mit klarer Flüssigkeit gefüllt, ihre Gefässe wenig blutreich. Die Carotis interna beiderseits durch einen das Lumen prall ausfüllenden, gelblichweissen Pfropf, welcher der Wand nur locker anfsitzt, ausgefüllt. Links reitet der Pfropf auf der Teilungsstelle der Carotis interna und reicht bis in die Arteria corporis callosi und A. fossae Sylvii hinein. Grosshirn, dessen Windungen stark abgeflacht sind, zeigt eine weiche Konsistenz, seine Oberfläche ist trocken glänzend. Auf den Hemisphärendurchschnitten treten spärliche abspülbare Blutpunkte hervor. Sowohl im weissen Marklager, als besonders in der Rinde bemerkt man ausserordentlich zahlreiche kleine verwaschene, dunkelrot gefärbte Herde, in deren Centrum sich meist ein tiefrot gefärbter Punkt nachweisen lässt. Ähnliche Herde bemerkt man auch in den Centralganglien, deren Zeichnung ausserordentlich verwaschen ist. Brücke, Medulla oblongata und Kleinhirn lassen keine Veränderungen erkennen.

Brusthöhle. Zwerchfellstand links an der 7., rechts an der 6. Rippe. Sternum ohne Besonderheiten. Das Mediastinum stark ödematös. In der linken Pleurahöhle circa 1 l stark getrübter, gelblichroter Flüssigkeit, in der reichlich Fibrinflocken flottiren. In der rechten Pleurahöhle findet sich ein ähnlicher Erguss. Die linke Lunge liegt vollständig kollabirt der Wirbelsäule an, die rechte sinkt nur wenig zurück. Pleura costalis und pulmonalis beiderseits mit einer dicken Schicht gelbweissen, weichen Fibrins bedeckt.

Im Herzbeutel die gewöhnliche Menge Flüssigkeit. Beide Blätter glatt und spiegelnd.

Das Herz von normaler Grösse, von schlaffer Konsistenz. Das subperikardiale Fettgewebe ist reichlich entwickelt, die Gefässe prall gefüllt. Der rechte Ventrikel stark kontrahirt, enthält spärliche speckhäutige Gerinnsel. Die Muskulatur von guter Konsistenz, Endokard und Klappen intakt. Der linke Ventrikel und Vorhof schlaff. Die Muskulatur sehr kräftig entwickelt, braunrot gefärbt, etwas hypertrophisch (15 mm). Die Mitralklappen intakt, glatt und zart.

In beiden Lungen finden sich mehrere erbsen- bis kirschgrosse Abscesse, daneben frische und ältere, in eitriger Schmelzung begriffene Aspirationspneumonien. Die linke Lunge vollständig atelektatisch. Die Bronchialschleimhaut ist intensiv gerötet, geschwollen, mit bräunlichgelben, eitrigen Massen belegt. Die Lungenarterien normal. In einer im rechten Unterlappen gelegenen Vene dritter Ordnung ein das Lumen prall ausfüllender gelbweisser, fester Thrombus, welcher sich bis in die kleinsten Gefässe fortsetzt; die dem Verzweigungsgebiet dieser Vene entsprechende Lungenpartie tiefrot gefärbt, fest, luftleer, ohne Abscesse.

Die Zunge liegt zwischen den Zähnen und zeigt an ihren freien Rändern zahlreiche Bisswunden. Die Schleimhaut des weichen Gaumens und Pharynx stark injicirt. Die Schilddrüse deutlich colloid. Die aryepiglottischen Falten stark ödematös. Die Schleimhaut der Trachea geschwollen, mit zähem, eitrigem Schleim bedeckt.

Bauchhöhle. Die Bauchhöhle enthält keine freie Flüssigkeit; die Dünndarmschlingen fast leer, stark kontrahirt. Das Bauchfell glatt und spiegelnd, zeigt hie und da stärkere Gefässinjektionen. Das grosse Netz ist fettreich, liegt zusammengerollt an der grossen Kurvatur des Magens.

Die Milz ist etwas vergrössert (15:9:5), ausserordentlich schlaff und weich. Oberfläche glatt, graubläulich gefärbt, die Pulpa breiartig weich, bläulichrot gefärbt, mit vereinzelten Blutungen.

Die Nebennieren von normaler Grösse, schlaffer, weicher Konsistenz.

Die Nieren etwas grösser als normal, schlaff und weich. Die Kapsel leicht abziehbar, die Oberfläche glatt, verwaschen, graurot gefärbt. Die Schnittfläche blutreich. Die Rinde verbreitert, vorquellend, intensiv getrübt. Die Marksubstanz etwas blutreicher als die Rinde, zeigt herdweise Blutungen. In beiden Nierenbecken eine geringe Menge trüber Flüssigkeit. Die Schleimhaut etwas geschwollen, gerötet; die Ureteren nicht dilatirt.

Die Harnblase ist stark kontrahirt, enthält wenig trüben Urin; ihre Schleimhaut fleckig injicirt.

Die Scheide ist sehr weit, ihre Schleimhaut dunkelblaurot gefärbt, von vereinzelten Blutungen durchsetzt. Am Cervix ein bis in das hintere Scheidengewölbe reichender, oberflächlicher Riss. Die vordere und hintere Muttermundslippe sind geschwollen, dunkelblaurot gefärbt, aber nirgends eitrig infiltrirt. Der Uterus kleinkindskopfgross, von derber Konsistenz; die Höhle mässig weit, mit bräunlichroter trüber Flüssigkeit erfüllt. Ihrer Wandung haften noch reichliche Eihaut- und Placentarreste an, nach deren Entfernung aber die Innenfläche des Uterus glatt und nur mässig gerötet hervortritt. Die Muskulatur des Uterus ist graurot gefärbt, von guter Konsistenz. Die Gefässe zeigen nirgends Thromben. Die Lymphgefässe intakt. Die Parametrien frei. Die Ovarien von normaler Grösse, im rechten ein kirschgrosses Corpus luteum verum. Die Venae spermaticae und uterinae stark gefüllt.

Die Leber von normaler Grösse, Oberfläche glatt, im allgemeinen dunkelbraunrot gefärbt; doch treten in der Nähe des Ligament. suspens. und an ihrem unteren freien Rande ganz vereinzelte opake, gelbweisse Streifen und Flecken hervor. Daneben finden sich vereinzelte feine, tiefrot gefärbte, etwas über die Oberfläche prominirende, etwa stecknadelkopfgrosse Herde. Die acinöse Struktur ist im allgemeinen deutlich, die Schnittfläche blutreich. Die Pfortader ist durch einen deutlich geschichteten, das Lumen prall ausfüllenden Pfropf vollständig verschlossen. Derselbe setzt sich nach unten zu in die Vena mesent. sup. und Vena lienalis, nach oben zu bis in die in der Leber gelegenen Pfortaderäste fort.

Die Magen- und Darmschleimhaut etwas geschwollen und gerötet.

Bakteriologische Untersuchung. In den Lungenabscessen lassen sich durch die Kultur und in Schnittpräparaten reichliche Staphylo- und Streptokokken nachweisen. Aus der Milz gehen Kolonien von Staphylococcus pyogenes aureus und albus auf, desgleichen aus Nieren, Gehirn und Leber. Auf den aus dem letztgenannten Organ angelegten Platten finden sich ausserdem auch noch Kolonien eines Bacillus, welcher in seinem morphologischen und kulturellen Verhalten mit dem Bacillus coli commun. übereinstimmt. Dieselben Bacillen finden sich auch in Schnittpräparaten in grösseren Gallengängen und sind meiner Ansicht nach durch die Gallengänge in die Leber eingedrungen, wahrscheinlich sogar erst postmortal, da zwischen Tod und Sektion 46 Stunden vergangen waren.

Mikroskopische Untersuchung. *Leber*. In der Leber finden sich, entsprechend den im Sektionsbericht erwähnten gelbweissen Streifen, nekrotische Herde, welche meist aus homogenen, kernlosen Massen bestehen und nur hie und da auch kernlose, in ein Fibrinfasernetz eingebettete Leberzellen und abgeblasste rote Blutkörperchen erkennen lassen. Die Herde nehmen stets die Peripherie der Acini ein. Vereinzelte zeigen insofern ein etwas abweichendes Verhalten, als sie auf das dichteste von in Zerfall begriffenen Leukocyten umgeben und durchsetzt sind. Hier lassen sich zwischen den Leukocyten spärliche Kokken nachweisen. In den Interlobularvenen, soweit in ihrer Umgebung nekrotische Herde erkennbar sind, hyaline Thromben. Die übrigen Pfortaderäste leer. An den Arterien und Venen keine Veränderungen. Das übrige Lebergewebe ebenfalls intakt. Der Pfropf in der Pfortader ist deutlich geschichtet; der Wand liegt unmittelbar eine Schicht an, die sich aus homogenen oder feinstreifigen, spärliche geschrumpfte Kerne einschliessenden Massen zusammensetzt. An diese schliesst sich eine ziemlich dicke Schicht von in Zerfall begriffenen Leukocyten an, der Kern endlich wird aus zahlreichen, dichtgedrängten roten Blutkörperchen gebildet, zwischen denen spärliche Leukocyten und feinkörnige und feinfädige Massen nachweisbar sind.

Nieren. An den gewundenen Kanälchen nur geringfügige Veränderungen: sie bestehen in geringer Trübung und Schwellung, nur hie und da vereinzelte kernlose Zellen. Der gleiche Befund ergiebt sich an den Henle'schen Schleifen. Im Lumen ganz spärliches, feinkörniges Exsudat und rote Blutkörperchen; in den Sammelröhren vereinzelte hyaline Cylinder. Die Glomeruli erscheinen vielfach sehr kernreich, in ihren Schlingen hie und da Kokkenembolien. In den Kapselräumen vielfach rote Blutkörperchen. Im interstitiellen Gewebe hie und da reichliche Anhäufung von Leukocyten um die kleinen Venen und Kapillaren; hie und da auch Blutungen. In vereinzelten Kapillaren Kokkenembolien.

Lungen. Abgesehen von den Abscessen, welche das bekannte mikroskopische Bild darbieten, nur Veränderungen in den Bezirken, aus welchen die thrombosirte Vene hervorgeht. Hier sind die Kapillaren vielfach durch hyaline Thromben verschlossen. In den Alveolen teils reichliche rote Blutkörperchen, zwischen denen hie und da ein feines fibrinöses Netzwerk sich nachweisen lässt, teils feinfädiges Fibrin, dessen Fäden sich in ein der Alveolarwand anliegendes hyalines Band fortsetzen. Zwischen den Fibrinfäden spärliche Leukocyten. Die kleineren Venen ebenfalls durch hyaline Massen thrombosirt. Der Thrombus in der grösseren Vene zeigt in verschiedenen Abschnitten ein verschiedenes Aussehen: in den dem Wurzelgebiet benachbarten Teilen besteht er aus einer der Wand anliegenden hyalinen Schicht, welcher sich feinkörnige und feinfädige Massen auflagern, die ihrerseits in Zerfall begriffene Leukocyten und rote Blutkörperchen einschliessen. In den mehr gegen den Lungenhilus zuliegenden Teilen der Vene liegt der Wand eine feinkörnige Schicht auf, die spärliche geschrumpfte Kerne einschliesst, während die centralen Teile des Thrombus aus dichtgedrängten, abgeblassten und geschrumpften roten Blutkörperchen bestehen, die durch ein feinfädiges Fibrinnetzwerk zusammengehalten werden. Weder in den Arterien, noch Kapillaren lassen sich mit Sicherheit Placentarzellen nachweisen; in den Kapillaren finden sich ziemlich häufig grosse Chromatinklumpen, aber es ist nicht mit Sicherheit zu entscheiden, ob es sich hier um zusammengesinterte Leukocytenkerne oder zusammengepresste Placentarzellenkerne handelt.

Gehirn. Die in den Carot. internae gefundenen Pfröpfe zeigen genau denselben Bau wie der in den thrombosirten Lungenvenen gefundene. Die periphere Zone besteht aus feinkörnigem Material, das Centrum aus abgeblassten, durch ein Fibrinnetz zusammengehaltenen roten Blutkörperchen. Die Blutungen in der Hirnrinde und den Centralganglien liegen um kapillare Gefässe herum, deren Lumen durch einen aus Kokken bestehenden Pfropf verlegt ist. Mitunter findet sich in der Nachbarschaft dieser Gefässe eine stärkere Rundzellenansammlung. Nur ganz vereinzelt lassen sich hyaline Thromben in den Kapillaren der Rinde und der weichen Häute nachweisen, in deren Umgebung die Gehirnsubstanz kernlos, eigentümlich starr glänzend und leuchtend rot (mit Eosin und Carmin gefärbt) erscheint.

Herz. Das Herz zeigt eine geringe Trübung der Muskelfasern. In vereinzelten Kapillaren Kokkenembolien, in deren Umgebung sich Rundzellen finden und Blutungen erkennbar sind.

Pankreas nicht untersucht.

Milz. Die Milz bietet das gewöhnliche Bild der infektiösen Schwellung dar. Uterus zeigt keine Veränderungen.

Fall XI.

Krankengeschichte. Weisshaupt, Bertha. Verkäuferin, 21 J., Primipara. Aufg. 8. X. 1890 abends 11 Uhr 30, gest. 10. X. 1890.
Patientin wurde in tiefem Koma der Anstalt zugeführt. Ende des 8. Monats schwanger. Kind in II. Schädellage. Becken normal. Ernährungszustand mässig. Haut blass, keine Ödeme. Puls 78. Schwitzbett.
Wehen schwach. Muttermund 4 cm weit. Blase steht. Kopf in Beckenweite. Blase springt am 9. X. 5 Uhr früh. Geburt des Kindes am 9./X. 7 Uhr 50 Min. früh. Placenta 8 Uhr 30 Min. Exitus letal. am 10./X.
Sektion am 11. X. 22 Stunden p. m. Hochgradiges Ödem und Hyperämie beider Lungen mit vereinzelten Blutungen. Ödem des Gehirns. Parenchymatöse Degeneration der Nieren. Uterus puerperalis. Multiple, zum Teil sehr umfangreiche Blutungen in der Leber, daneben blasse, infarktähnliche Herde. Hochgradige venöse Hyperämie des Magens mit vereinzelten Hämorrhagien. Stauung in der Milz.

(Anmerkung. Ein ausführliches Protokoll fehlt leider, da der betreffende Fall in meiner Abwesenheit zur Sektion gelangt war. Bakteriologische Untersuchung nicht angestellt. Zur mikroskopischen Untersuchung liegen leider nur Stücken aus der Leber, den Nieren und den Lungen vor.)

Mikroskopische Untersuchung. *Leber.* In der Leber ausgedehnte frische hämorrhagische Nekrosen. In den interlobulären Pfortaderästen hyaline und feinkörnige Thromben, nur hie und da fibrinöse Pfröpfe. In vereinzelten kleinen Arterien teils wandständige, teils das Lumen verschliessende, feinkörnige Massen; in den Lebervenen hie und da Leberzellen. Das übrige Lebergewebe lässt keine Veränderungen erkennen; jedenfalls besteht keine stärkere Verfettung. In den Gallengängen hie und da reichliche rote Blutkörperchen. In kleinen Pfortaderästen und Kapillaren spärliche, ziemlich dicke Bacillen.

Nieren. Die Glomeruli meist normal; hie und da in den Schlingen hyaline Thromben, an der Oberfläche der Niere ganz vereinzelte verödet; in einigen Kapselräumen feinkörniges Exsudat. Das Epithel sämmtlicher Kanälchen fast völlig normal, nur ganz spärlich kernlose Zellen. Die gewundenen Kanälchen stellenweise etwas erweitert. Im Lumen feinkörnige Eiweissniederschläge und spärliche hyaline Cylinder. Im interstitiellen Gewebe hie und da Rundzelleninfiltrate um kleine Venen herum. Die intertubulären Kapillaren stark gefüllt, hie und da durch hyaline Thromben verschlossen. Die Venen des Markes sehr stark dilatirt und prall mit roten Blutkörperchen gefüllt, deren Konturen häufig nicht mehr zu erkennen sind. In vereinzelten Arterien wandständige Plättchenthromben.

Lungen. In den Lungenkapillaren zahlreiche Riesenzellen; in vereinzelten hyaline Thromben. In zahlreichen Alveolen rote Blutkörperchen. Die grösseren Arterien und Venen prall gefüllt. In vereinzelten kleinen Arterien Leberzellen.

Fall XII.

Bischoff, 35 Jahre. Erkrankte 26./I. 1891, gest. an Eklampsie 28./I. 1891.
Sektion 8 St. p. m. Grosser, kräftig gebauter weiblicher Körper, sehr guter Ernährungszustand. Fettpolster sehr gut entwickelt, ebenso Muskulatur. Intensiver Ikterus. Am Rumpf und an den Extremitäten zum Teil sehr ausgedehnte Blutextravasate. Am Abdomen und den unteren Extremitäten reichliche frische Striae, am Unterschenkel ein etwa fünfmarkstückgrosses callöses Geschwür.

Kopfhöhle. Die weichen Schädeldecken sind ausserordentlich blutreich, hie und da finden sich fünfmarkstück- bis markstückgrosse Blutungen in der Galea. Das knöcherne Schädeldach ist etwas asymmetrisch, sehr dick und schwer. An der Aussenfläche glatt, die Diploë sehr blutreich, an der Vitrea ausgedehnte Schwangerschaftsosteophyten. Dura mater straff gespannt, normal dick, aussergewöhnlich stark ikterisch und injicirt. Die Innenfläche blass und spiegelnd. Im Sinus longitud. sup. dunkelrotes, flüssiges Blut. Die Gyri an der Oberfläche deutlich abgeflacht. Die Gefässe an der Hirnbasis glatt und zart; die Hirnnerven makroskopisch ohne Besonderheiten. In der Rinde und im weichen Marklager treten zahlreiche abspülbare Blutpunkte hervor. Daneben bemerkt man aber hie und da, und zwar besonders in der Rinde punktförmige Hämorrhagien. In den Seitenventrikeln findet sich eine geringe Menge tiefgelb gefärbter Flüssigkeit. Ependym weich. Unter dem Ependym des rechten Streifenhügels eine etwa linsengrosse, blauröltlich verfärbte Stelle, in deren Umgebung sich ziemlich zahlreiche punktförmige Hämorrhagien finden. Unter dem Ependym des linken Seitenventrikels mehrere punktförmige Härmorrhagien. Dritter und vierter Ventrikel normal.

Kleinhirn ohne Veränderung. In der rechten Hälfte des Pons mehrere stecknadelkopfgrosse Hämorrhagien. Medulla oblongata ohne Besonderheiten.

Brusthöhle. Zwerchfellstand links an der 4., rechts an der 5. Rippe. Pleurahöhle leer. An der Durchtrittsstelle der Vena cava durch das Zwerchfell bemerkt man eine etwa fünfmarkstückgrosse Blutung.

Im Herzbeutel eine geringe Menge bernsteingelber Flüssigkeit. Das Herz grösser als normal, ausserordentlich schlaff. Im rechten Ventrikel speckige Gerinnsel. Die Höhle nicht wesentlich erweitert. Die Muskulatur von normaler Dicke, sehr mürbe, graugelblich gefärbt, mit vereinzelten opaken, gelbweissen Flecken und Streifen. Der rechte Vorhof etwas erweitert. Herzohr leer. Der linke Ventrikel ziemlich weit, enthält dunkelrotes flüssiges Blut. Die Muskulatur schlaff und weich, verwaschen, gelblichrot gefärbt. Endokard und Klappen intakt.

Die Lungen sind überall gut lufthaltig. Unter der Pleura, die überall glatt und spiegelnd erscheint, bemerkt man einige punkt- und linsengrosse Ekchymosen: letztere finden sich auch auf der Schnittfläche der Lunge. Das Lungengewebe ist blutreich und stark ödematös. Die Bronchialschleimhaut dunkelblaurot gefärbt und geschwollen, mit feinschaumigem Schleim belegt. In den grösseren Lungengefässen dunkelroter Cruor, in welchem sich bei der mikroskopischen Untersuchung ziemlich reichlich Leberzellen nachweisen lassen.

Halsorgane bieten keine Abnormitäten dar.

Bauchhöhle. Bei Eröffnung der Bauchhöhle entleert sich eine geringe Menge tiefgelb gefärbter, klarer Flüssigkeit. Das Bauchfell ist glatt und spiegelnd. Das grosse Netz fettreich.

Die Milz nicht unbedeutend vergrössert (wiegt 400 g), sehr weich und schlaff. Oberfläche glatt, dunkelgraurot gefärbt. Die Schnittfläche vorquellend, sehr blutreich.

Die linke Nebenniere von normaler Grösse und schlaffer Konsistenz. Die Rinde tiefgelb gefärbt. Marksubstanz fleckig gerötet.

Die linke Niere von normaler Grösse, von schlaffer und weicher Konsistenz. Die Kapsel leicht abziehbar. Oberfläche glatt, graugelblich gefärbt, die Rinde etwas vorquellend, zeigt ein verwaschenes Aussehen. Hie und da vereinzelte Blutungen. Im perirenalen Fettgewebe rechts bemerkt man eine ziemlich ausgedehnte Blutung. Die rechte Niere zeigt im allgemeinen dasselbe Verhalten, wie die linke, nur finden sich hier ausser den Blutungen vereinzelte stecknadelkopf- bis halberbsengrosse Infarkte. Nierenbecken und Ureteren nicht erweitert.

Die Harnblase enthält eine geringe Menge trüben Urins. Die Schleimhaut etwas gelblich gefärbt, nirgends Hämorrhagien. Die Scheide ist weit, an ihrer hinteren Wand ein oberflächlicher Schleimhautriss. Die Schleimhaut tief dunkelrot gefärbt, stellenweise blutig infiltrirt. Der Uterus ist circa kindskopfgross, von schlaffer Konsistenz; seine Höhle enthält eine mässige Menge dunkelroten, festen Cruors. An der hinteren Wand einzelne Placentarreste. Die Muskulatur graurötlich; an der Portio vaginalis ein bis in das hintere Scheidengewölbe reichender Riss. Im rechten Ovarium ein im Centrum erweichtes Corpus luteum verum. Die Tuben an ihrem abdominalen Ende stark injicirt. In der Placenta ziemlich ausgedehnte, meist keilförmig gestaltete Herde, welche teils eine verwaschene graurote, teils eine gelbweisse Farbe darbieten. An den Eihäuten keine Abnormitäten.

Die Leber, etwas vergrössert (2250 g schwer), besitzt eine ziemlich pralle Konsistenz. Die Oberfläche ist glatt und zeigt ein ausserordentlich buntes Aussehen, indem tiefgelb gefärbte Herde mit tiefroten abwechseln. Der ersterwähnte Farbenton herrscht ganz entschieden vor und lässt hie und da einen Stich ins Graue erkennen. Die dunkelroten Partien sind meist punkt- und streifenförmig angeordnet, häufig netzartig verbunden; mitunter konfluiren sie auch zu fast handtellergrossen Herden, in deren Bereich man aber meist immer noch grangelbe, deutlich acinöse Struktur zeigende Leberinseln erkennen kann. Die Schnittfläche zeigt dasselbe Aussehen wie die Oberfläche. Ferner treten auf der ersteren zahlreiche feine, opake Pünktchen hervor, die nur selten die Grösse eines Stecknadelkopfes erreichen. Der Gallengang ist durchgängig. In der Gallenblase zähe, dickflüssige Galle. Die Wand der Gallenblase ödematös.

Im Magen eine geringe Menge schwärzlich gefärbten, breiigen Inhalts von indifferentem Geruch. Die Schleimhaut sehr blass. Im Darm eine geringe Menge gallig gefärbten Inhalts. Schleimhaut blass.

Pankreas ziemlich blutreich.

Die Aorta zeigt ganz geringe Arteriosklerose.

Bakteriologische Untersuchung ergiebt in betreff des Gehirns, der Nieren, der Leber, des Pankreas und der Placenta ein negatives Resultat. Nur aus der Lunge gehen spärliche Kolonien von Staphylococcus pyogenes aureus auf.

Mikroskopische Untersuchung. In der Leber sehr ausgedehnte hämorrhagische Nekrosen, welche sich genau unter dem Bilde darstellen, wie es schon zu wiederholten Malen beschrieben wurde. Auffallend sind hier die ausgedehnten Blutungen im periportalen Bindegewebe, welche vielfach die Gallengänge komprimiren; häufig ist auch die Wand der Gallengänge durchbrochen und das Lumen dann prall mit roten Blutkörperchen erfüllt. In den kleineren Gallengängen und Gallenkapillaren Gallenthromben, welche besonders schön in den in Sublimat fixirten Präparaten hervortreten. In den Interlobularvenen Plättchen- und hyaline Thromben, in grösseren Pfortaderästen wandständige Thromben, die teils geschichtet sind, teils nur aus feinkörnigen Massen bestehen. In den kleineren Arterien hie und da Plättchenthromben. Die Centralvenen meist leer; in ihnen, sowie in den grösseren Lebervenen reichliche Leberzellen.

Nieren. Die Epithelien hochgradig getrübt, hie und da in ihnen feine Fetttröpfchen. In den gewundenen Kanälchen die Epithelien fast sämmtlich kernlos; in den Henle'schen Schleifen ebenfalls zahlreiche kernlose Epithelien, letztere aufgequollen, zum Teil desquamirt. Im Lumen feinkörnige Niederschläge und hie und da zahlreiche rote Blutkörperchen. In den Sammelröhren das Epithel intakt, hie und da von feinen, gelblichgrünen Pigmentkörnchen durchsetzt. In Lumen zahlreiche hyaline Cylinder. Die Glomeruli enthalten in ihren Kapselräumen feinkörnige Eiweissniederschläge, daneben mehr oder weniger reichlich rote Blutkörperchen. Das Schlingenepithel vielfach desquamirt. Die vom Epithel entblössten Schlingen getrübt oder stark glänzend; im übrigen die Schlingen meist

6*

prall mit roten Blutkörperchen gefüllt. Im interstitiellen Gewebe ausgedehnte Blutungen, hie und da vereinzelte Rundzellenherde in der Umgebung kleiner Venen. Die Kapillaren hie und da prall mit roten Blutkörperchen gefüllt, die meist so dicht stehen, dass ihre Konturen nicht mehr zu erkennen sind; in vereinzelten hyaline Thromben. Die Arterien meist leer, hie und da in ihnen wandständige Thromben. Die Venen prall gefüllt.

Ein eigentümliches Verhalten zeigen die im Bereiche der Infarkte liegenden Kapillaren und kleineren Arterien. Während bei den gewöhnlichen embolischen Infarkten diese Gefässe meist völlig leer sind und nur an der Spitze des Infarktes sich ein verlegtes Arterienstämmchen nachweisen lässt, findet sich hier eine hyaline Thrombose sämmtlicher Kapillaren und Glomerulusschleifen, welche sich auch auf die kapillären Arteriolen ausdehnt. In den kleineren Arterien liegt der Intima eine mehr oder minder dicke hyaline Schicht an, welche geschrumpfte Kerne einschliesst. Das Lumen hie und da prall mit roten Blutkörperchen erfüllt. An der Spitze des Infarktes lässt sich ein grösserer verstopfter Arterienast nicht nachweisen.

(Anmerkung. In dem der Harnblase entnommenen Urin findet sich reichlich Eiweiss, zahlreiche hyaline Cylinder und rote und weisse Blutkörperchen. Ausserdem enthält der Urin Gallenfarbstoff und Gallensäuren, sowie, wie sich spektroskopisch nachweisen lässt, Methämoglobin.)

Lungen. In den Lungen besteht eine hochgradige Fettembolie; in den Kapillaren sehr zahlreiche Placentarzellen. Daneben eine ausgedehnte hyaline Thrombose und stellenweise enorme Hyperämie des Kapillaren. Die Arterien meist prall mit roten Blutkörperchen gefüllt; zahlreiche kleinere und mittelgrosse Stämmchen durch Thromben geschlossen, welch' letztere teils aus feinkörnigen Massen, teils aus feinfädigem Material bestehen, in welchem meist spärliche rote und weisse Blutkörperchen eingeschlossen sind. In grösseren Arterienstämmchen wandständige Thromben. Die Alveolen hie und da mit roten Blutkörperchen gefüllt; in beiden Unterlappen findet sich an zahlreichen Stellen, an denen eine ausgedehnte hyaline Kapillarthrombose besteht. die Alveolarwand mit einer hyalinen Schicht austapeziert, an die sich feine Fibrinfäden ansetzen, welche das Alveolarlumen durchziehen. Zwischen den Fibrinfäden spärliche rote und weisse Blutkörperchen.

An den Bronchien keine Veränderungen.

Gehirn. Im Gehirn multiple feine Blutungen, besonders in der Rinde, in den Centralganglien und in der Brücke, welche meist in der Umgebung von thrombosirten oder prall gefüllten Kapillaren und Venen liegen. Die Arterien meist leer, nur hie und da finden sich prall gefüllte Stämmchen, welche meist, wie sich an Serienschnitten nachweisen lässt, in ihrem weiteren Verlaufe durch hyaline und Plättchenthromben verschlossen sind. In den Lymphscheiden der letzteren meist starke Anhäufung von roten Blutkörperchen.

Herz. Die Herzmuskelfasern enorm getrübt, hie und da verfettet. Die Gefässe prall gefüllt, nirgends Thromben oder Blutungen.

Pankreas. Im Pankreas vereinzelte Blutungen, welche in der Umgebung kleiner thrombosirter Venen liegen.

Placenta Die in der Placenta gefundenen gelbweissen Herde erweisen sich als typische weisse Infarkte. Entsprechend den verwaschen graurot gefärbten Stellen ist das Placentargewebe nekrotisch. die Zellen kernlos, das Epithel teils ebenfalls kernlos und trübe, teils in ein homogenes, hyalines, die Zotten umfassendes Band verwandelt. In den Zottengefässen Stase, hie und da Blutungen. In den intervillösen Räumen, welche im Bereich dieser Herde liegen, feinkörnige und feinfädige Massen, die geschrumpfte und abgeblasste rote und weisse Blutkörperchen, sowie Kerndetritus und Pigmentkörnchen einschliessen. In der Umgebung dieser Herde die intervillösen Räume prall mit roten Blutkörperchen gefüllt, welche zwischen sich zahlreiche abgestossene Zottenepithelien und Riesenzellen nachweisen lassen; auch besteht hier eine starke Epitheldesquamation. In der übrigen Placenta die intervillösen Räume leer. Die Uterusvenen an der Placentarstelle nicht thrombosirt.

Fall XIII.

Böttcher, erkrankt am 27./I. 1891, gest. am 28./I. 1891.

Mittelgrosser, sehr kräftig gebauter weiblicher Leichnam von gutem Ernährungszustand. Hautfarbe im allgemeinen blass, die sichtbaren Schleimhäute stark cyanotisch. Das Fettgewebe sehr gut entwickelt, die Muskulatur kräftig. An den unteren Extremitäten geringe Ödeme.

Kopfhöhle. Die weichen Schädeldecken blutreich, hie und da von vereinzelten punktförmigen Blutungen durchsetzt. Das knöcherne Schädeldach symmetrisch, mesocephal, schwer. Das Periost leicht abziehbar, die Diploë sehr blutreich, an der Innenfläche ausgedehnte Schwangerschaftsosteophyten. Die harte Hirnhaut straff gespannt, durchscheinend. Die Innenfläche etwas injicirt, glatt und spiegelnd. Im Sinus longitud. sup. dunkelrotes flüssiges Blut. Die weichen Hirnhäute sind glatt und zart, wenig blutreich. Die Sulci sind abgeplattet, die Gefässe an der Hirnbasis ziemlich eng, leer. Das weisse Marklager von weicher Konsistenz, stark feuchtglänzend, wenig blutreich. Die Rinde graurötlich gefärbt, etwas vorquellend. Seitenventrikel leer. Ependym glatt und zart. Am Nucleus caudatus eine halblinsengrosse Blutung unter dem Ependym. Brücke und Medulla oblongata zeigen keine Abnormitäten.

Brusthöhle. Zwerchfellstand rechts an der 4., links an der 5. Rippe. Mediastinum ohne Besonderheiten. Thymusdrüse geschwunden. Pleurahöhle leer. Die Lungen sinken gut zurück, sind bläulichrot gefärbt.

Im Herzbeutel die gewöhnliche Menge Flüssigkeit, beide Blätter glatt und spiegelnd.

An der Hinterfläche des Herzens mehrere subperikardiale Ekchymosen. Im rechten Ventrikel finden sich spärliche speckhäutige Gerinnsel, die Höhle von normaler Weite. Die Muskulatur kräftig, von fester Konsistenz, graubraun gefärbt. Unter dem Endokard vereinzelte Ekchymosen. (In dem im rechten Vorhof befindlichen speckigen Gerinnsel lassen sich vereinzelte Leberzellen und grosse vielkernige Zellen nachweisen.) Höhle des linken Ventrikels eng, die Wand von normaler Dicke; die Muskulatur schlaff, verwaschen, graubraun gefärbt, intensiv getrübt. Unter dem Endokard ausgedehnte Blutungen. Klappen intakt. Vorhof und Herzohr leer.

Die linke Lunge ist überall gut lufthaltig. Pleuraüberzug überall glatt und spiegelnd. Auf der Schnittfläche erscheint das Organ sehr blutreich und ödematös. Hie und da treten auf derselben bis erbsengrosse dunkelrote Herde hervor, welche wenig scharf umschrieben sind, sich fest anfühlen und über die Schnittfläche prominiren. Die rechte Lunge zeigt im allgemeinen dasselbe Verhalten wie die linke, nur treten hier bei weitem zahlreichere und ausgedehntere Blutungen hervor, die zum Teil subpleural liegen und hier eine annähernd keilförmige Gestalt erkennen lassen. Die Bronchien mit feinblasigem Schaum erfüllt, ihre Schleimhaut sehr lebhaft injicirt.

Die Tonsillen atrophisch. Die aryepiglottischen Falten hochgradig ödematös. In der rechten Schilddrüse ein etwa erbsengrosser colloïder Knoten.

Bauchhöhle. In der Bauchhöhle keine freie Flüssigkeit; das Bauchfell glatt und spiegelnd. Das grosse Netz fettreich.

Die Milz von normaler Grösse, ziemlich weich und schlaff. Die Pulpa vorquellend, braunrot gefärbt, hie und da von einzelnen dunkelroten Flecken und Streifen durchsetzt.

Die linke Niere von normaler Grösse, mässig fester Konsistenz. Die Kapsel leicht abziehbar. Die Oberfläche glatt, hellgraurot gefärbt. Am oberen Pol treten vereinzelte erbsengrosse, blasse Infarkte hervor, die von dem umgebenden Nierengewebe durch einen blassroten Saum abgesetzt sind. Die Rinde quillt auf der Schnittfläche etwas vor, ist graurot gefärbt, stellenweise intensiv getrübt, lässt aber nirgends Blutungen erkennen. Die Marksubstanz blass. Im Nierenbecken punktförmige Ekchymosen. Die rechte Niere bietet im allgemeinen dasselbe Verhalten, wie die linke.

In der Harnblase eine geringe Menge trüben Urins. Ihre Schleimhaut blass.

Der Uterus über mannskopfgross, wird uneröffnet der königlichen Frauenklinik übergeben.

Die Scheidenschleimhaut sehr stark aufgelockert und dunkelblaurot gefärbt.

Die Leber zeigt normale Grösse, ziemlich feste Konsistenz. Die Oberfläche im allgemeinen verwaschen, graurot gefärbt, doch treten an ihr, sowie an der Schnittfläche sehr zahlreiche punkt- bis linsengrosse, tiefroth gefärbte Flecken und Streifen hervor, die meist scharf, aber mit unregelmässig zackiger Grenze gegen die Umgebung abgesetzt sind. Nur an vereinzelten Stellen konfluiren sie zu grösseren, tiefrot gefärbten Herden. Im Bereich der letzteren ist die acinöse Struktur vollständig verwaschen. Neben diesen Herden finden sich noch zahlreiche kleinste, mit blossem Auge erkennbare opake, gelbweisse Flecken und Streifen.

Die Gallenblase enthält dunkelgrüne, fadenziehende Galle. Ihre Wand deutlich ödematös. Der Gallengang durchgängig. Pfortader ohne Besonderheit.

Im Magen eine geringe Menge schwärzlichbraun gefärbten, flüssigen Inhalts. Im Fundus die Schleimhaut mit ziemlich ausgedehnten Hämorrhagien durchsetzt.

Das Pankreas fleckig gerötet, von fester Konsistenz, lässt ganz vereinzelte punktförmige Ekchymosen auf der Schnittfläche erkennen.

Die Schleimhaut des Dünn- und Dickdarms ist fleckig gerötet.

Bakteriologische Untersuchung. Die bakteriologische Untersuchung ergiebt ein vollständig negatives Resultat. Es wurden Kulturen (auf Agar, Gelatine und Blutserum) aus dem Gehirn, der Leber, Milz, Lungen und Nieren angelegt.

Mikroskopische Untersuchung. *Leber.* In der Leber zahlreiche frische Hämorrhagien im periportalen Gewebe und in der Peripherie der Acini, die mitunter sich auch über Gruppen benachbarter Acini ausdehnen. Die im Bereich der Acini liegenden Leberzellen zum Teil kernlos, zum Teil gequollen und mit abgeblassten Kernen versehen, zwischen den Leberzellen ein feinfädiges Fibrinnetz, in den zugehörigen Interlobularvenen fibrinöse und feinkörnige Thromben. Daneben nekrotische Herde, sicher etwas älteren Datums, die zum Teil anämischen, zum Teil hämorrhagischen Charakter zeigen; hier in den zugehörigen interlobulären Venen und den aus ihnen hervorgehenden Kapillaren hyaline Thromben. In den übrigen Pfortaderästen hie und da feinkörnige Massen, welche teils wandständig sind, teils das ganze Lumen verlegen. In zahlreichen Gallengängen rote Blutkörperchen. Die Arterien meist leer, nur hie und da mit feinkörnigen Massen gefüllt. Im übrigen Lebergewebe die Leberzellen intensiv getrübt, nicht verfettet.

Nieren. Im frischen Präparat zeigt sich eine starke Trübung und Schwellung der Epithelien, welche aber exquisit herdförmig auftritt; keine stärkere Verfettung; in den Glomerulusschlingen und in vereinzelten intertubulären Kapillaren hellglänzende, zum Teil wurstförmige Fetttropfen.

Im gehärteten Präparat bietet die Niere an verschiedenen Stellen ein verschiedenes Aussehen dar. An manchen Stellen findet sich keine Abweichung vom Normalen, an anderen aber schwere Veränderungen, welche besonders die Epithelien der gewundenen Kanälchen und Henle'schen Schleifen betreffen; dieselben sind gequollen und lassen färbbare Kerne entweder gar nicht mehr oder nur andeutungsweise erkennen; vielfach sind sie desquamirt. Im Lumen feinkörnige Eiweissniederschläge. In den Sammelröhren hyaline Cylinder. Glomeruli meist intakt mit Ausnahme eines feinkörnigen Exsudates, das sich in manchen Kapselräumen nachweisen lässt. Die Schlingen teils leer, teils prall gefüllt, in einer nicht geringen Zahl von Schlingen hyaline Thromben. Im interstitiellen Gewebe keine Rundzellenanhäufung, keine Ödeme, noch Blutungen. In den intertubulären Kapillaren stellenweise Stasen, hie und da hyaline Thromben. Die Arterien leer, die Venen mässig gefüllt. Die Infarkte zeigen genau dasselbe Verhalten, wie es im vorhergehenden Falle beschrieben wurde.

Im Harn Eiweiss, Cylinder, Gallenfarbstoff und Gallensäuren.

Lungen. Auch der Lungenbefund ist genau derselbe wie bei der vorhergehenden Beobachtung; nur finden sich hier auch in den kleineren und grösseren Arterien zahlreiche Riesenzellen und spärliche Leberzellen. In den Kapillaren Fettembolien.

Gehirn. In der Gehirnrinde fast keine Veränderungen, nur hie und da kleine Blutungen in der Umgebung von durch hyaline Thromben verschlossenen Gefässen. In der Lymphscheide der Arterien vielfach starke Anhäufung von roten Blutkörperchen. In der Brücke ganz spärliche, erst mikroskopisch nachweisbare Blutungen, die hier ebenfalls in der Umgebung von thrombosirten Kapillaren liegen. Hier ist die Kapillarenthrombose etwas ausgedehnter. Bei der mikroskopischen Untersuchung der Blutung im rechten Streifenhügel stellt sich heraus, dass hier die Gehirnsubstanz in grosser Ausdehnung erweicht ist. Die Ganglienzellen sind kernlos und gequollen; die zwischen den Zellen liegende Neuroglia zerklüftet und auf das dichteste von roten Blutkörperchen durchsetzt. Die Kerne der Gliazellen nur noch blass sichtbar. Im Centrum der Blutung ein kleiner, durch hyaline Thromben verschlossener Venenstamm; in seiner Nachbarschaft vereinzelte, durch hyaline Thromben verschlossene Kapillaren; andere Kapillaren nur dilatirt. In der Umgebung dieses Blutherdes mehrere kleine Blutungen.

Herz. Im frischen Präparat erscheinen die Muskelfasern so intensiv getrübt, dass eine Querstreifung nicht mehr zu erkennen ist; die Trübung schwindet auf Essigsäurezusatz fast völlig.

Im gehärteten Präparat lassen die Muskelfasern meist keine Veränderung erkennen; nur an den Stellen, an denen die im Sektionsbericht erwähnten Blutungen liegen, finden sich körnig zerfallene, oder in hyaline Schollen zerklüftete, kernlose Fasern. Die Blutungen liegen meist um prall gefüllte Arterien und Venen herum, die mitunter durch feinkörnige oder feinfädige, seltener durch geschichtete Thromben verschlossen sind.

Pankreas. Im Pankreas multiple Blutungen, in deren Bereich die Drüsenepithelien kernlos erscheinen; in den Venen, seltener in den Arterien feinkörnige und hyaline Thromben. Neben den hämorrhagischen Nekrosen ganz spärliche anämische, in deren Bereich sich stets thrombosirte Arterienäste nachweisen lassen.

Milz. An der Milz keine Veränderungen.

Fall XIV.

Krankengeschichte. **Leipziger**, Marie, Arbeiterin, 23 Jahre. Primipara. Aufgen. am 22./II., gestorb. den 26./II. 1891.

Patientin im 10. Monat schwanger, kam am 22. II. mit Wehen in die Anstalt. Bald nach der Aufnahme trat völlige Bewusstlosigkeit ein. Im Urin Eiweiss. Temp. 37,6, Puls kräftig, gespannt, regelmässig, 88 Schläge. An den unteren Extremitäten Ödeme. Mässige Cyanose. Schwitzbett. Morph. mur. 0,03 subcutan. Am 23. II. 4 Uhr 20 Min. vormittags typischer eklamptischer Anfall, starke Cyanose, totale Bewusstlosigkeit. Am Nachmittag wiederholen sich derartige Anfälle, deren jeder 3_4 Minute dauert, 22 mal. Die Herzaktion des Kindes, welche am Vormittag noch regelmässig war, verschlechterte sich hinsichtlich ihrer Frequenz und Deutlichkeit. Da der Kopf in I. Schädellage zangengerecht stand, nachmittags 3 Uhr 30 Min. Forceps. Glatte Extraktion. Kind stark asphyktisch, durch Hautreize zum Leben gebracht. Nach der Entfernung des Kindes deutliche Besserung. Patientin hat noch 7 Anfälle. Am 24. II. im Urin $1/2$ Vol. Eiweiss, gegen $7/8$ Vol. am gestrigen Tage. Abnehmende Bewusstlosigkeit. Am 23. II. Zeichen von Pneumonie in den Unterlappen. Tod am 26., II. vorm. 4 Uhr im Koma.

Sektionsbericht. Grosser, kräftig gebauter weiblicher Leichnam. Sehr guter Ernährungszustand. Die Haut im allgemeinen blass, die sichtbaren Schleimhäute stark cyanotisch. Keine Spur von Ikterus. Keine Ödeme. Die Mammae sehr gut entwickelt, von praller Konsistenz, lassen reichlich Colostrum ausfliessen. Am Abdomen frische Striae. Linea alba stark pigmentirt. Muskulatur graurot, kräftig. Fettgewebe sehr gut entwickelt.

Kopfhöhle. Die weichen Schädeldecken sehr blutreich, von vereinzelten Ekchymosen durchsetzt. Das Schädeldach symmetrisch; an der Aussenfläche des rechten Stirnbeins und rechten Seitenwandbeines findet sich eine dünne, sich derb anfühlende Auflagerung von sammetähnlichem, blassrötlichem Aussehen, welche der Tabula externa fest anhaftet. An dem linken Stirnbein ist das Periost stark verdickt und fest adhärent. Die Diploë blutreich. Tabula interna zeigt ausgedehntes Schwangerschaftsosteophyt. Die Dura mater wenig gespannt, an der Innenfläche längs des Sinus longitud. inferior eine ausgedehnte Blutung. Der Sinus longitud. superior ist durch einen roten Thrombus verschlossen. Die weichen Hirnhäute glatt und zart. Die Gyri vorspringend. In den Subarachnoidealräumen klare Flüssigkeit. Das weisse Marklager stark feuchtglänzend, sehr blutreich, fleckig gerötet. Die Rinde grauviolett gefärbt, lässt hie und da punktförmige Ekchymosen erkennen. Am vorderen Pol des rechten Streifenhügels bemerkt man einen etwa zehnpfennigstückgrossen, verwaschenen, bläulichrot gefärbten, weichen Herd, in dessen Umgebung vereinzelte punktförmige Blutungen erkennbar sind. Letztere finden sich auch in den hinteren Teilen des Streifenhügels, sowie im Thalamus opticus. Rechts sowohl, als auch links zeigen die Centralganglien, sowie die Brücke ein rotgeflecktes, marmorirtes Aussehen. Kleinhirn ohne Besonderheiten.

Brusthöhle. Zwerchfellstand rechts am oberen Rand der 4., links an der 5. Rippe. Thymusdrüse bis auf Reste geschwunden. Die linke Pleurahöhle enthält circa ein Wasserglas klarer Flüssigkeit. Die vorliegenden Lungenteile sind blass-graurot gefärbt. Die Lungen sinken gut zurück.

Im Herzbeutel etwas vermehrter Flüssigkeitsgehalt.

Das Herz von normaler Grösse; der rechte Ventrikel und der rechte Vorhof enthalten eine reichliche Menge dunklen Cruors, Ventrikel nicht erweitert, die Muskulatur von fester Konsistenz, bräunlichrot gefärbt. Klappen intakt. Linker Ventrikel und linker Vorhof sind etwas erweitert und fast leer. Die Muskulatur von guter Konsistenz, bräunlich graurot gefärbt. Klappen glatt und zart. Foramen ovale vollständig geschlossen.

Die linke Lunge ist ziemlich voluminös, in den vorderen Teilen gut lufthaltig, blass-graurot gefärbt. Die hinteren Abschnitte sind luftleer und zeigen eine dunkelblaurote Farbe. Erstere wenig blutreich, lassen auf der Schnittfläche vereinzelte Hämorrhagien erkennen; die letzteren dagegen äusserst blutreich, auf der Schnittfläche vorquellend und von vereinzelten erbsen- bis kirschgrossen, in eitriger Schmelzung begriffenen Herden durchsetzt. Die rechte Lunge zeigt im allgemeinen dasselbe Aussehen wie die linke. Aus den durchschnittenen Bronchien entleert sich reichlich eitriger Schleim. Die Schleimhaut der grösseren Bronchien ist gerötet und geschwollen. Die Bronchialdrüsen stark durchfeuchtet, geschwollen. *Bauchhöhle.* In der Bauchhöhle keine freie Flüssigkeit. Unter dem parietalen Blatte des Bauchfells bemerkt man vereinzelte streifenförmige Ekchymosen.

Die Milz von normaler Grösse und ziemlich fester Konsistenz. Oberfläche glatt, bläulichrot gefärbt, die Schnittfläche wenig vorspringend, Pulpa dunkelgraurot gefärbt, von fester Konsistenz. Follikel undeutlich.

Die Nebennieren von normaler Grösse, ziemlich fester Konsistenz. Die Marksubstanz fleckig gerötet.

Die Nieren etwas vergrössert, von fester Konsistenz. Die Oberfläche glatt, grauweiss gefärbt. Die Rinde nicht wesentlich verbreitert, blass. Zeichnung im allgemeinen deutlich, nur hie und da vereinzelte kleine, trübe Stellen. Die Marksubstanz hebt sich durch ihre dunkelrote Farbe scharf von der blassen Rinde ab. Ihre Zeichnung ist deutlich. In den Nierenbecken vereinzelte punkt- bis linsengrosse Ekchymosen. Die Ureteren nicht erweitert.

Die Harnblase enthält eine reichliche Menge klaren Urins, ihre Schleimhaut ziemlich blass.

Der Uterus etwa kindskopfgross, zeigt eine schlaffe Konsistenz. Die Serosa überall glatt. Die Vagina weit. Ihre Schleimhaut dunkelblaurot gefärbt und von vereinzelten ziemlich ausgedehnten Blutungen durchsetzt. Am Cervix zwei oberflächliche Schleimhautrisse. In der Uterushöhle eine geringe Menge bräunlichroter Flüssigkeit. Die Innenfläche im allgemeinen glatt, nur an der hinteren Wand des Fundus etwas uneben und höckerig; hier bemerkt man vereinzelte Placentarreste. Die Muscularis des Uterus weich, gelblichweiss gefärbt. Das abdominale Ende beider Tuben ist stark injiciert.

Die Leber ist grösser als normal. Zwischen Zwerchfell und Oberfläche der Leber finden sich vereinzelte lockere Verklebungen. Die Oberfläche ist glatt und im allgemeinen braunrot gefärbt, doch treten sowohl auf der Oberfläche als auch besonders auf der Schnittfläche beider Lappen zahlreiche linsen- bis markstückgrosse, opake, gelblichweisse und gelblichbraune Flecken hervor, welche sich scharf von der Umgebung abgrenzen und meist unter das Niveau der Schnittfläche zurücksinken. Die acinöse Struktur ist im Bereich derselben vollständig verwaschen. Daneben bemerkt man noch vereinzelte frische, dunkelrote Flecken, welche aber nur wenig umfangreich sind. Die Gallenblase enthält eine geringe Menge fadenziehender Galle. Gallengang durchgängig. Pfortader intakt.

Magenschleimhaut fleckig gerötet.

Pankreas von derber Konsistenz, blutarm.

Schleimhaut des Darmes im allgemeinen blass.

Bakteriologische Untersuchung. Zu derselben werden aus Gehirn, Leber, Herz, Nieren, Lungen, Uterus und Milz Impfungen vorgenommen. Es gehen nur aus den Lungen reichliche Kolonien von Staphylokokken auf (Staphylococcus pyogenes aureus und albus). Die letzteren lassen sich auch in Schnittpräparaten der Lunge im Bereich der Abscesse nachweisen. In den übrigen Organen bleibt sowohl die Kultur, als die mikroskopische Untersuchung bez. der Mikroorganismen ohne Resultat.

Mikroskopische Untersuchung. *Leber.* In der Leber zahlreiche anämische und hämorrhagische Nekrosen schon etwas älteren Datums; nirgends mehr in den nekrotischen Herden scharf konturirte Leberzellen vorhanden, sondern nur homogene, von Kerndetritus durchsetzte, hie und da geschrumpfte rote Blutkörperchen einschliessende Herde in der bekannten Lage in der unmittelbaren Nähe des periportalen Gewebes. In der Umgebung der Herde hie und da etwas reichliche Anhäufung von Leukocyten. Die intakten Leberzellen auffallend gross, ihre Kerne intensiv färbbar, hie und da Teilungsfiguren zeigend; das übrige Lebergewebe ziemlich stark verfettet. In zahlreichen interlobulären Venen und in den aus ihnen hervorgehenden Kapillaren hyaline Thromben; in etwas grösseren Pfortaderästen teils wandständige, teils obturirende Plättchenthromben. Arterien meist leer, ebenso die Lebervenen. An den Gallengängen keine Veränderungen.

Nieren. Die Nieren zeigen sich bei der mikroskopischen Untersuchung nur sehr wenig verändert, die Glomeruli fast sämmtlich intakt; nur vereinzelte erscheinen kernreicher und enthalten in ihren Kapseln feinkörniges Exsudat. An den Epithelien besteht eine geringe Trübung, herdweise auch eine etwas stärkere Verfettung, nur ganz vereinzelte Epithelien sind kernlos. Im Lumen der Kanälchen vielfach feinkörnige Eiweissniederschläge, in den Sammelröhren hyaline Cylinder, denen mitunter feinste Pigmentkörnchen aufgelagert sind. Im interstitiellen Gewebe hie und da ganz spärliche Leukocyten in der Umgebung kleiner Venen. An den Gefässen keine Veränderungen.

Lungen. In den Unterlappen eine ausgedehnte hyaline Thrombose der Kapillaren, sowie kleinster Arterien und Venen; die Wand zahlreicher Kapillaren mit hyalinen Massen austapeziert und stellenweise von feinen Fibrinfäden durchzogen, in deren Maschen nur ganz spärliche Leukocyten erkennbar sind. Nur hie und da reichlichere Anhäufung von weissen Blutkörperchen, aber nirgends Mikroorganismen. Die thrombosirten Kapillaren erscheinen teils völlig kernlos, teils lassen sie spärliche geschrumpfte Kerne erkennen. An anderen Stellen der Unterlappen besteht starke Gefässfüllung. Hier finden sich in den Alveolen häufig mehr oder minder dichtgedrängte rote Blutkörperchen. In vereinzelten kleinen Arterien und Venen die Intima mit einem Mantel von hyalinem Material ausgekleidet. In den Oberlappen nur vereinzelte Blutungen und hyaline Kapillarthromben. Die Abscesse zeigen das bekannte Aussehen.

Gehirn. Der Thrombus im Sinus longitud. superior besteht aus dichtgedrängten roten Blutkörperchen, zwischen denen sich ein feinfädiges Fibrinnetz und feinkörnige Massen nachweisen lassen. In den angrenzenden Partien der Hirnrinde starke Füllung der Kapillaren und Venen; in der Umgebung der letzteren häufig wenig ausgedehnte Blutungen. Hie und da in den genannten Gefässen hyaline Thromben. Die Lymphscheide vereinzelter Arterien mit roten Blutkörperchen gefüllt, hie und da im Lumen kleiner Arterien feinfädige und feinkörnige Pfröpfe.

Der am vorderen Pol des rechten Streifenhügels gefundene Herd erweist sich bei der mikroskopischen Untersuchung als eine Blutung mit Erweichung der Hirnsubstanz; im Bereich und in der Umgebung derselben sind sämmtliche Kapillaren und Venen durch homogene oder feinstreifige, hyaline Thromben verschlossen, die spärliche geschrumpfte Kerne einschliessen. Die Arterien, deren Lymphscheide durch pralle Anfüllung mit roten Blutkörperchen dilatirt ist, enorm gefüllt. Dicht hinter dieser Blutung ein kleiner Erweichungsherd ohne Blutung, auch hier sämmtliche Kapillaren durch hyaline Thromben geschlossen. In den Centralganglien und der Brücke zahlreiche, wenig ausgedehnte Blutungen und Erweichungen und hyaline Thrombose zahlreicher Kapillaren und kleinster Venen.

Herz. Am Herzen keine Veränderungen.

Pankreas ebenfalls normal.

Uterus. Die Uterusvenen an der Placentarstelle meist nicht thrombosirt, nur in vereinzelten kleinen Venen rote Thromben.

Fall XV.

Krankengeschichte. **Lange**, Amalie, Zimmermannschefrau, 27 Jahre. Primipara. Aufgen. 11. III. 1891, gest. 12. III. 1891.
Patientin war vor 4 Wochen wegen Hydramnios auf der gynäkologischen Abteilung, ist bei ihrer jetzigen Aufnahme im 10. Monat gravid. Kind lebt. Temp. 37,9; Puls 86. Urin trübe, enthält $1/_1 \%$ Eiweiss. Gracil gebaute Frau ohne Ödeme. Am 11. III. bewusstlos wegen Eklampsie der Anstalt zugeführt.
Der Befund bei der inneren Untersuchung am 11. III. vormittags 12 Uhr ergab: Scheide weit, Portio 2 cm lang, Muttermund knapp für 2 Finger durchgängig, ohne Narben, ziemlich derb. Blase gesprungen. Als vorliegenden Teil fühlt man den Kopf mit starker Kopfgeschwulst. Fontanellen kaum zu fühlen. Die Pfeilnaht nahe am Promontorium. Letzteres zu erreichen (10,75 l. D.). Bei dem Versuch höher hinauf zu palpiren, fühlt man einen anscheinend beweglichen, mit dem Promontorium und dem Os sacrum nicht zusammenhängenden Tumor (Tumor der Mutter oder des Kindes?). Herztöne des Kindes nicht hörbar. Die Frau ist völlig soporös, stark cyanotisch. Wehen kräftig, doch ohne Erfolg. Ausgedehntes Rasseln auf der Brust. Exitus am 12. III.

Sektionsbericht. Mittelgrosser, kräftig gebauter weiblicher Leichnam von gutem Ernährungszustand. Im allgemeinen blasse Hautfarbe. Das Gesicht und die sichtbaren Schleimhäute stark cyanotisch. An den unteren und oberen Extremitäten ziemlich ausgedehnte Blutergüsse ins subkutane Gewebe. Das Abdomen halbkugelig aufgetrieben. Die Linea alba stark pigmentirt, reichliche frische Striae an der Bauchwand. An den unteren Extremitäten keine Ödeme. Panniculus adiposus sehr gut entwickelt. Muskulatur dunkelrot, stark durchfeuchtet. Im Pectoralis major links vereinzelte bis linsengrosse Blutungen.

Kopfhöhle. Die weichen Schädeldecken blass. Knöchernes Schädeldach mesocephal. Periost leicht abziehbar. Tabula externa glatt, grauweiss gefärbt. Die Nähte erhalten. An der Innenfläche der Tabula vitrea reichliche Schwangerschaftsosteophyten. Dura mater mässig gespannt, die Aussenfläche glatt, an der Innenfläche in der Umgebung des Sinus longitud. superior, der mit dunkelrotem flüssigen Blut gefüllt ist, vereinzelte, ziemlich ausgedehnte Blutungen. Die weichen Hirnhäute mässig blutreich, zart. Die Gefässe an der Hirnbasis ziemlich reichlich mit dunkelrotem flüssigen Blute gefüllt. Das Gehirn besitzt eine weiche Konsistenz; das weisse Marklager lässt zahlreiche abspülbare Blutungen erkennen. Die Rinde graubläulich gefärbt, vorquellend. In ihr hie und da vereinzelte punktförmige Hämorrhagien, besonders im Bereich der Stirnwindung. In den Seitenventrikeln eine geringe Menge sanguinolenter Flüssigkeit. Dritter und vierter Ventrikel leer.

Die Grosshirnganglien fleckig gerötet. Das Kleinhirn ziemlich weich und blutreich. Die Brücke und Medulla oblongata zeigen fleckige Rötung. In den Sinus der Basis dunkelrotes, flüssiges Blut.

Brusthöhle. Zwerchfellstand links an der 5., rechts an der 4. Rippe. Die Thymusdrüse noch in ganzer Ausdehnung erhalten, blutreich. Die Pleurahöhlen leer. Die Lungen sinken gut zurück.

Das Herz von normaler Grösse, ausserordentlich schlaff. Im rechten Vorhof und Ventrikel dunkelrotes flüssiges Blut, in welchem bei der mikroskopischen Untersuchung vereinzelte Leberzellen, sowie spärliche, sehr grosse, vielkernige

Zellen nachweisbar sind. Die Höhle des rechten Ventrikels ist nicht erweitert, die Muskulatur von braunroter Farbe und schlaffer Konsistenz. Klappen intakt. Der linke Ventrikel enthält eine Spur flüssigen Blutes. Die Muskulatur von weicher Konsistenz, bräunlichrot gefärbt, mattglänzend. Auf Flachschnitten bemerkt man hie und da verwaschene, graurot gefärbte Streifen, sowie einzelne punktförmige Hämorrhagien. Klappen intakt. Foramen ovale geschlossen.

Linke Lunge überall gut lufthaltig. Pleuraler Überzug glatt und spiegelnd. Die Oberfläche bläulichrot gefärbt. Von der Schnittfläche fliesst dunkelrote schaumige Flüssigkeit ab. Man bemerkt auf derselben vereinzelte erbsen- bis kirschengrosse, wenig scharf umschriebene Blutungen. Die rechte Lunge ist im Unter- und Mittellappen gut lufthaltig, blutreich, ödematös und von vereinzelten Blutungen durchsetzt. Der Oberlappen, dessen Pleura mit einer dünnen gelbgrauen Fibrinschicht bedeckt ist, völlig luftleer. Die Schnittfläche dunkelgraurot gefärbt, fein granulirt und lässt eine geringe Menge trüben Saftes abstreifen. Hie und da bemerkt man in den pneumonisch infiltrirten Partien vereinzelte Blutungen. Bronchialschleimhaut und Bronchien von feinschaumiger Flüssigkeit gefüllt; ihre Schleimhaut stark injicirt. Bronchialdrüsen etwas vergrössert. Halsorgane bieten keine Veränderungen dar.

Bauchhöhle. In der Bauchhöhle eine geringe Menge bernsteingelber Flüssigkeit.

Die Milz etwas vergrössert, zeigt eine schlaffe, weiche Konsistenz. Oberfläche glatt, bläulichrot gefärbt. Die Pulpa mässig blutreich. Am oberen Pol zwei dicht nebeneinander stehende, erbsengrosse, blasse Infarkte.

Die Nieren von normaler Grösse, fester Konsistenz; Kapsel abziehbar, die Oberfläche glatt, graurot gefärbt. Die Rinde nicht verbreitert, graurot gefärbt, zeigt fleckweise Trübungen. Marksubstanz blutreich. In der rechten Niere, die im allgemeinen dasselbe Aussehen zeigt, wie die linke, bemerkt man mehrere erbsengrosse Infarkte. Nierenbecken und Ureteren nicht erweitert.

Die Harnblase enthält eine geringe Menge trüben Urins. Schleimhaut blass. Im Urin Eiweiss, Cylinder und Gallenfarbstoff.

Die Leber ungefähr normal gross, von praller Konsistenz. Die Oberfläche bräunlichgraurot gefärbt, glatt. Sowohl auf ihr, als auf der Schnittfläche treten zahlreiche hirsekorn- bis linsengrosse rote Flecken hervor, die durch eine unregelmässige, zackige Grenze von der Umgebung scharf abgegrenzt sind und die acinöse Struktur, die im übrigen Lebergewebe deutlich hervortritt, nicht mehr erkennen lassen. Ausserdem bemerkt man vereinzelte stecknadelkopfgrosse, opake, gelbweisse Flecken, die in der Umgebung der Pfortaderverzweigung liegen.

Im Magen eine geringe Menge schwärzlicher kaffeesatzähnlicher Flüssigkeit. Schleimhaut etwas geschwollen. An der kleinen Kurvatur vereinzelte punktförmige Hämorrhagien, sowie eine strahlige Narbe.

In der Darmschleimhaut zahlreiche punktförmige Blutungen. Gallengang durchgängig.

Der Uterus weit über mannskopfgross, enthält ein der Reife nahes 47 cm langes Kind. Zwischen Uterus und Rectum liegen, durch strangförmige Adhäsionen an beiden Organen angeheftet, die beiden Ovarien und Tuben, von denen die rechte an ihrem abdominellen Ende verschlossen ist. Ausserdem findet sich in dem Douglas'schen Raum unter der Serosa des Uterus ein etwa hühnereigrosser, in toto verkalkter Tumor, der sich nur in die oberflächlichen Schichten der Uterusmuskulatur erstreckt und durch eine straffe, bindegewebige Kapsel von demselben abgegrenzt ist. Uterusmuskulatur dünn, an seiner Innenfläche haften die Eihäute fest an. Die Placenta sitzt an der vorderen Wand und ist von mehreren kirsch- bis taubeneigrossen gelbweissen, teils keilförmigen, teils unregelmässig zackig geformten Herden durchsetzt, die sich durch eine feine, tiefrot gefärbte Linie scharf von der Umgebung abgrenzen. Ausserdem bemerkt man in der Placenta einzelne verwaschen graurot gefärbte Herde, die meist dem kindlichen Teile der Placenta angehören.

Sektion des Fötus. 47 cm langes, reifes Kind, vollständig normal gebildet. Die Haut mit Vernix caseosa und Lanugo bedeckt. Am linken Seitenwandbein ein ausgedehntes, an der Galea gelegenes Hämatom. Gehirn zeigt keine Abnormität. Gesichtshaut intensiv cyanotisch. Im subentanen Gewebe hie und da punktförmige Blutungen. Nabelstrang ohne Abnormitäten. Lungen völlig luftleer. An der Pleura, am Perikard und in der Thymusdrüse punktförmige Hämorrhagien. Herzfleisch blass, von weicher Konsistenz. Milz ziemlich gross, weich, dunkelblaurot gefärbt. Nieren vergrössert, von weicher Konsistenz. Sowohl auf der Oberfläche, wie auf der Schnittfläche, die verwaschen gelblichrot gefärbt ist, treten zahlreiche punkt- und streifenförmige Blutungen hervor. Im Nierenbecken vereinzelte Blutungen. Leber sehr gross, dunkelblaurot gefärbt, von weicher, schlaffer Konsistenz, sehr blutreich. Der Darmkanal zeigt keine Abnormitäten. Die Epiphysenlinie des Oberschenkels zeigt keine Veränderungen.

Bakteriologische Untersuchung. Auf den aus dem rechten Oberlappen der Lunge angelegten Kulturen wachsen reichlich Fränkel'sche Pneumoniekokken, daneben vereinzelte Kolonien von Staphylococcus pyogenes aureus. Aus Milz und Nieren spärliche Kolonien des Pneumoniecoccus. Auf den aus dem Gehirn, der Leber, der Placenta und den kindlichen Organen angelegten Kulturen wachsen mässig zahlreiche Kolonien eines beweglichen, gelben Farbstoff bildenden Bacillus, welcher die Gelatine verflüssigt.

Mikroskopische Untersuchung. *Leber.* Die Leberzellen stark getrübt, nirgends stärker verfettet. Zahlreiche hämorrhagische, spärliche anämische Nekrosen. Im periportalen Gewebe zum Teil sehr ausgedehnte Blutungen. In zahlreichen Interlobularvenen hyaline und fibrinöse Thromben; in zahlreichen, etwas grösseren Pfortaderästen Plättchenthromben, die teils wandständig, teils obturirend sind. Arterien meist leer. In den Lebervenen ziemlich reichliche Leberzellen. In den Gallengängen hie und da rote Blutkörperchen.

Nieren. In zahlreichen Glomerulusschlingen grössere, zum Teil wurstförmig gestaltete Fetttropfen; die Epithelien zeigen intensive Trübung, welche auf Zusatz von Essigsäure fast gänzlich verschwindet. Die Glomeruli meist intakt, vereinzelte erscheinen kernreich; in anderen besteht Desquamation des Schlingenepithels. Die nackten Schlingen stark glänzend, durch hyaline Thromben verschlossen. In zahlreichen Kapselräumen feinkörniges Eiweiss und rote Blutkörperchen. In der Umgebung vereinzelter Glomeruli Rundzellenanhäufung. Die Epithelien meist intakt, nur vereinzelte kernlos; in Lumen feinkörniges Exsudat und hyaline Cylinder, letztere besonders reichlich in den Sammelröhren. In spärlichen Kanälchen rote Blutkörperchen. Im interstitiellen Gewebe trifft man hie und da auf eine sehr starke Anhäufung von Rundzellen, die Kapillaren herdweise stark gefüllt; in ihnen, sowie in kleinen Venen zahlreiche Rundzellen. In vereinzelten Fränkel'sche Diplokokken. Die Arterien meist leer, nur in kleineren Ästen hie und da wandständige feinkörnige Massen.

Die Infarkte sind, wie sich bei der mikroskopischen Untersuchung ergiebt, als embolische aufzufassen, da sich an der Spitze des Infarktes der verstopfte Arterienast nachweisen liess. Der Embolus ist deutlich geschichtet, schliesst desquamirte Gefässepithelien ein und sitzt der Teilungsstelle der Arterie reitend auf. In der Umgebung des Infarktes und in seiner Peripherie Blutungen und Anhäufungen von Leukocyten.

Lungen. Im rechten Oberlappen eine typische croupöse Pneumonie. In den übrigen Lungenteilen starke Hyperämie, in zahlreichen Alveolen Blutungen. In den Kapillaren hie und da hyaline Thromben; in zahlreichen kleineren und mittleren Arterien und Venen wandständige und obturirende Thromben, welche aus feinkörnigen und feinfädigen Massen bestehen, die mehr oder minder reichlich rote und weisse Blutkörperchen einschliessen. Ausgedehnte Fettembolie. In allen Lungenabschnitten lassen sich in den Kapillaren und kleinen Arterien zahlreiche Placentarzellen und Leberzellen nachweisen. In einer kapillaren Arterie eine grosse Riesenzelle, mit der mehrere kleine Epithelien zusammenhängen.

Gehirn. In der Rinde und in den Centralganglien, spärlicher in der Medulla und in der Brücke Blutungen und Erweichungen; zahlreiche Kapillaren und Venen durch hyaline Thromben geschlossen. In einer kleinen Vene der weichen Häute an der Konvexität finden sich zahlreiche kubische und polyedrische Zellen mit grossen bläschenförmigen Kernen; dieselben liegen teils einzeln, teils hängen sie zu zweien und vieren zusammen. Ihr Durchmesser ist verschieden, in vereinzelten sind feine goldgelbe Pigmentkörnchen erkennbar. Ich stehe nicht an, diese Zellen als Leberzellen anzusprechen, mit welchen sie in ihrer Grösse und ihrem sonstigen morphologischen Verhalten völlig übereinstimmen (retrograder Transport).

Herz. Starke Trübung der Muskelfasern; hie und da Blutungen, in deren Bereich die Muskelfasern teils wachsig degenerirt, teils in trübe kernlose Schollen zerfallen sind. In vereinzelten Gefässen feinkörnige Thromben.

Pankreas normal.

Magen und Darm. Die Blutungen im Magen und Darm liegen in der Umgebung von prall gefüllten Kapillaren und kleinen Venen, welche, wie sich in Serienschnitten nachweisen lässt, in thrombosirte grössere Venen der Submucosa einmünden. In den kleinen Arterien nur ganz spärliche Plättchenthromben.

Fötus. Nieren. Die Epithelien der gewundenen Kanälchen und der Henle'schen Schleifen fast sämmtlich nekrotisch, stark geschwollen. Die Glomeruli meist intakt; die Kapselräume hie und da prall mit roten Blutkörperchen gefüllt. In den Henle'schen Schleifen und Sammelröhren feinkörnige Eiweissniederschläge und rote Blutkörperchen. Im interstitiellen Gewebe ausgedehnte Blutungen. Die Gefässe enorm gefüllt.

Leber. In der Leber trifft man auf ganz spärliche, wenig ausgedehnte nekrotische Herde, die teils hämorrhagischen, teils anämischen Charakter zeigen. Dieselben liegen ebenso wie die Nekrosen in der mütterlichen Leber, mit denen sie in Bezug auf ihr morphologisches Verhalten völlig übereinstimmen. In der Umgebung des periportalen Gewebes, welches stellenweise dicht von roten Blutkörperchen infiltrirt ist. Auch hier lassen sich in den interlobulären Venen Plättchen- und hyaline Thromben nachweisen.

Fall XVI.

Krankengeschichte. **Prössdorf**, Ida, 22 Jahre, Fabrikarbeiterin. Primipara. Aufnahme d. 17. VI., gest. 24. VI. 1891.

Bei der Aufnahme normaler Zustand, mit Ausnahme ödematöser Schwellung der Genitalien. Während der Nacht vom 17. zum 18. VI. typische eklamptische Anfälle, welche sich innerhalb 14 Stunden 24 mal wiederholten. Im Harn reichlich Eiweiss. Schwitzbett. Acid. citric., Liq. Kal. acet., Morphium. Von da ab allmähliche Rückkehr des Bewusstseins und leidliches Befinden. Schwellung an den Genitalien hat abgenommen. Am 20. VI. normale Geburt in I. Schädellage. Nach der Geburt gutes Befinden. Am 3. Tage hat Patientin nach leichten psychischen Störungen (Irrereden) plötzlich heftige eklamptische Anfälle mit tiefem Koma. Cyanose. Exitus am 24. VI. im Koma. Temperatur, welche bis zum 22. VI. normal gewesen war, stieg am 22. abends bis auf 39,2, am 23. auf 40,2.

Sektionsbericht. Sektion am 25. VI. 1891.

Grosser, kräftig gebauter weiblicher Körper; guter Ernährungszustand, blasse Hautfarbe. An den unteren Extremitäten mässige Ödeme. Die grossen Schamlippen dunkelblaurot gefärbt, hochgradig geschwollen, mit vereinzelten diphtherisch belegten, oberflächlichen Geschwüren bedeckt. An der hinteren Kommissur ein zehnpfennigstückgrosses Geschwür mit diphtherischem Belag und stark ödematösen, hämorrhagisch infiltrirten Rändern. Fettgewebe gut entwickelt, an den oberen und unteren Extremitäten von Blutungen durchsetzt. Muskulatur dunkelrot, sehr kräftig, feuchtglänzend.

Kopfhöhle. Die weichen Schädeldecken zeigen vereinzelte stecknadelkopfgrosse Hämorrhagien, sehr blutreich. Das knöcherne Schädeldach symmetrisch. Periost leicht abziehbar. Tabula externa glatt, graugelb gefärbt, Diploë blutreich, an der Innenfläche des Stirnbeins, sowie längs des Sulcus longit. sup. dünne Lagen von Schwangerschaftsosteophyt.

Dura mater straff gespannt, durchscheinend. Aussenfläche blutreich, Innenfläche wenig glänzend. Die Oberfläche der Grosshirnhemisphären ist trocken glänzend. Die Gyri abgeplattet, die Sulci schmal. Die weichen Hirnhäute sehr blutreich, an der Konvexität und Basis von zahlreichen feinsten Ekchymosen durchsetzt. Grosshirn zeigt sehr weiche Konsistenz, auf der stark feuchtglänzenden Schnittfläche treten mässig zahlreiche, abspülbare Blutpunkte hervor. In der Rinde des Stirn- und Mittelhirns, weniger im Hinterhirn feinste punkt- bis stecknadelkopfgrosse Blutungen, in deren Umgebung die Hirnsubstanz vorquillt. Im Seitenventrikel die gewöhnliche Menge Flüssigkeit. Das Ependym weich; im Schwanz des rechten Nucleus caudatus eine stecknadelkopfgrosse Blutung; vereinzelte punktförmige Blutungen in beiden Thalami optici.

Brücke, Medulla oblongata und Kleinhirn ohne Besonderheit.

Brusthöhle. Zwerchfellstand rechts an 5., links an 4. Rippe. Sternum normal. Pleurahöhlen leer; Thymusdrüse geschwunden.

Im Herzbeutel die gewöhnliche Menge Flüssigkeit; das parietale Blatt spiegelnd, an dem visceralen vereinzelte Ekchymosen.

Im rechten Vorhof und rechten Herzventrikel dunkle Cruormassen und dunkles flüssiges Blut. Muskulatur sehr schlaff, bräunlichrot gefärbt. Endokard glatt. Linker Ventrikel etwas dilatirt; Muskulatur normal dick, sehr weich und brüchig. Auf Flachschnitten zeigt sie ein buntes Aussehen, indem verwaschen graurote Herde mit dunkelbraunroten abwechseln; im Bereich der ersteren bemerkt man feine gelbweisse Streifen. An der hinteren Wand ein etwa erbsengrosser Infarkt. Klappen intakt, ebenso Coronargefässe.

Die linke Lunge ausserordentlich fest an die Thoraxwand angeheftet, von zäher Konsistenz, ist überall lufthaltig. Das Gewebe im allgemeinen blutarm, graurot gefärbt. Im Unterlappen vereinzelte Blutungen. Die rechte Lunge ist sehr voluminös, an den hinteren unteren Abschnitten die Pleura mit dünnen Fibrinlagen bedeckt; hier das Lungengewebe dunkelrot gefärbt und fester als die vorderen Partien, welch' letztere gut lufthaltig sind. Die dunkelroten Partien sind luftleer, auf dem Schnitt etwas vorspringend, glatt und lassen eine trübe gelbweisse Flüssigkeit abstreifen. An der Basis des Oberlappens ein dicht unter der Pleura gelegener erbsengrosser Abscess, der von schlaffem, pneumonisch infiltrirtem Gewebe umgeben ist. Bronchialschleimhaut mit zähem Schleim bedeckt, fleckig gerötet.

Halsorgane zeigen keine Veränderung.

Bauchhöhle. Bei Eröffnung der Bauchhöhle entleert sich eine geringe Menge klarer, gelber Flüssigkeit; die Serosa überall glatt und spiegelnd. Dünndarm stark mit Luft aufgetrieben; die Höhle des kleinen Beckens ist von dem über kindskopfgrossen Uterus angefüllt, dessen Serosa überall glatt und spiegelnd erscheint.

Die Milz ist etwas vergrössert, von schlaffer Konsistenz und bräunlichroter Farbe, Pulpa dunkelrot gefärbt, stark vorquellend. Follikel deutlich.

Nieren etwas vergrössert, von schlaffer Konsistenz, Kapsel leicht abziehbar. Oberfläche glatt, verwaschen graurot gefärbt, Rinde verbreitert, vorquellend, sehr stark getrübt. Hie und da bemerkt man feine weisse Streifen. Marksubstanz gleichfalls verwaschen, an der Grenze zwischen Rinde und Mark vereinzelte feinste Blutungen. Nierenbecken nicht erweitert, Ureteren eng, Schleimhaut intakt.

Die Harnblase ist stark dilatirt, enthält reichliche Mengen klaren Urins von eigentümlich grünlichschwarzer Farbe; in demselben lassen sich Gallenfarbstoffe und Eiweiss nachweisen.

Die Scheide ist weit, die Schleimhaut im allgemeinen glatt, mit vereinzelten oberflächlichen Substanzverlusten, die mit diphtherischer Pseudomembran belegt sind. In der Uterushöhle eine reichliche Menge geronnenen Blutes, das stellenweise schwärzlichgrün verfärbt und übelriechend ist. An der Placentarstelle, die sich an der hinteren Wand des Fundus befindet, sitzen mehrere tauben- bis hühnereigrosse Placentarreste auf. Nach Entfernung des Blutes aus der Höhle erscheint die Wand glatt, stellenweise etwas gerötet. Beim Einschneiden auf die Placentarstelle erscheinen die Venen in der Uteruswand fast leer, nur in einzelnen finden sich geschichtete, rötlichweiss gefärbte feste Thromben. Die Tuben intakt. Im rechten Ovarium ein Corpus luteum verum. Parametrien frei.

Die Leber etwas grösser als normal, ausserordentlich weich und schlaff. Die Oberfläche glatt, im allgemeinen graurot gefärbt. An der oberen Fläche, sowie an der unteren treten ganz vereinzelte dunkelrote mohnkorn- bis stecknadelkopfgrosse Flecken hervor; etwas zahlreicher sind dieselben an der unteren Fläche des linken Lappens; daneben finden sich, besonders auf der Schnittfläche, spärliche feinste, opake, bräunlichgelbe und gelbweisse Herde, welche durch einen tiefrot gefärbten Saum von der Umgebung, unter deren Niveau sie liegen, abgesetzt sind. Die acinöse Struktur im übrigen verwaschen; das Gewebe wenig blutreich. In der Gallenblase zähe, dickflüssige Galle. Gallengang durchgängig. Der Hauptstamm der Pfortader durch einen das Lumen prall ausfüllenden und der Wand fest anhaftenden Pfropf fest verschlossen; derselbe setzt sich in die primären Verzweigungen der Pfortader in die Leber fort und endigt in denselben mit kegelartig abgestumpften Spitzen. Peripheriewärts setzt er sich 1 cm weit fort in die Vena lienalis, während die Vena mesenterica sup. frei von Thromben, aber prall durch dunkelrotes, flüssiges Blut gefüllt ist. Der Pfropf besitzt eine feste Konsistenz und zeigt eine deutliche Schichtung derart, dass gelbweisse Partien, die der Wand unmittelbar anliegen, mit dunkelroten Streifen abwechseln. Im Centrum ist der Pfropf etwas weicher, als in der Peripherie.

Die Schleimhaut des Magens im Fundus grauweiss gefärbt, stark geschwollen, zum Teil erweicht. An der kleinen Kurvatur in der Nähe des Pylorus vereinzelte punktförmige Ekchymosen mit vereinzelten Erosionen; hier ist die Schleimhaut mit kaffeesatzähnlichen Massen belegt.

Die Schleimhaut des Duodenum und Dünndarms zeigt stark venöse Hyperämie. Hie und da finden sich vereinzelte Blutungen.

Bakteriologische Untersuchung. Auf den aus der Lunge angelegten Gelatine- und Agarplatten wachsen spärliche Kolonien von Staphylokokken und Streptokokken. Ebendieselben Kolonien aus der Milz. Die mit Leber- und Gehirnsaft beschickten Platten bleiben steril, aus den Nieren gehen vereinzelte

Streptokokkenkolonien auf. Aus dem Uterus wachsen zahlreiche Kolonien von Staphylococcus pyogenes aureus und albus, ferner von Streptococcus pyogenes und massenhafte Fäulnisbakterien, besonders zahlreich Proteus vulgaris.

Mikroskopische Untersuchung. *Leber.* Die Leber bietet im Verhältnis zu den vorhergehenden Fällen nur geringfügige Veränderungen dar. Die im Sektionsprotokoll erwähnten bräunlichgelben, opaken Herde stellen sich als ältere hämorrhagische Nekrosen heraus. Das Lebergewebe ist im Bereich derselben vollständig zerfallen und in eine homogene oder schollige, glänzende Masse verwandelt, die geschrumpfte rote Blutkörperchen, goldgelbe Pigmentkörnchen und Kerndetritus einschliesst. In der Umgebung der nekrotischen Herde mitunter reichliche Ansammlung von Leukocyten, zwischen denen bei geeigneter Färbung vereinzelte Kokken nachweisbar sind. Die gelbweissen Herde bestehen aus homogenen glänzenden Massen, in denen färbbare Kerne nicht mehr nachweisbar sind (anämische Nekrosen). Sowohl die erst- als die letztbeschriebenen Herde sind nur wenig ausgedehnt, sehr spärlich und liegen stets in der Nachbarschaft des periportalen Bindegewebes. Die in letzterem verlaufenden Interlobularvenen und die aus ihnen hervorgehenden Kapillaren sind durch hyaline Thromben verschlossen. Arterien leer. Gallengänge intakt. Die im Sektionsbericht erwähnten roten Herde entsprechen frischen im periportalen Gewebe und seiner Umgebung gelegenen Blutungen. Die Leberzellen im Bereich der Blutungen meist noch gut kernhaltig, nur hie und da die Zellen mit schwach färbbaren Kernen. Zwischen den Leberzellen hie und da ein feines Fibrinnetz. Im Bereich der Blutungen die Interlobularvenen teils durch hyaline, teils durch Plättchenthromben geschlossen, im übrigen Lebergewebe die Leberzellen stark getrübt, mitunter etwas stärker verfettet. Im periportalen Gewebe keine zellige Infiltration. Der Thrombus in der Pfortader zeigt bei der mikroskopischen Untersuchung eine deutliche Schichtung. Die der Wand anhaftende Schicht besteht aus feinkörnigem und feinfädigem Material, das spärliche geschrumpfte und abgeblasste rote Blutkörperchen und geschrumpfte Leukocytenkerne einschliesst. Hieran schliesst sich eine Schicht, die vorwiegend aus roten und weissen Blutkörperchen besteht. Die centralen Teile bestehen aus einem feinen Fibrinnetz, in welchem zum Teil gut erhaltene rote und zahlreiche weisse Blutkörperchen enthalten sind.

Nieren. Die Nieren zeigen bei der Untersuchung am frischen Präparat ausgedehnte Trübung der Epithelien, bei Zusatz von Essigsäure verschwindet dieselbe nur teilweise; die Kerne treten an den wenigsten Epithelien hervor. In zahlreichen Epithelien feinglänzende Tröpfchen, die sich mit Osmiumsäure schwärzen. Im Lumen zahlreicher gewundener Kanälchen und Henle'scher Schleifen stösst man auf schwärzlich glänzende Massen, die bei auffallendem Lichte weisslich glänzen, bei Zusatz von Salzsäure sich unter Gasentwicklung auflösen (Kalk).

Bei Untersuchung der gehärteten Präparate zeigt sich, dass eine ausgedehnte Nekrose der Epithelien, gewundenen Kanälchen und Henle'schen Schleifen vorliegt; nur an wenigen Stellen findet man noch kernhaltige Epithelien. Letztere erscheinen gequollen, trübe. An zahlreichen Stellen finden sich in den mit Hämatoxylin gefärbten Präparaten teils vereinzelte, teils in Gruppen zusammenliegende, schwarzgrau gefärbte, kernlose Epithelien. Bei Anwendung von starker Vergrösserung erkennt man teils feinere, teils gröbere, unregelmässig geformte, schwarzblau gefärbte Körnchen. Ähnliche Zellen finden sich auch desquamirt, frei im Lumen der Kanälchen liegend, mitunter sind mehrere zu einem schwarzblauen Klumpen zusammengebacken. Häufiger bemerkt man auch Kanälchen, die auf weite Strecken hin mit schwarzblauen klumpigen Massen ausgefüllt

Schmorl, Eklampsie. 7

sind. Eine epitheliale Auskleidung lässt sich an solchen Stellen nicht mehr nachweisen. In den übrigen Harnkanälchen feinkörnige Eiweissniederschläge und hyaline Cylinder. Die Glomeruli auffallend wenig verändert, nur hie und da erscheinen einzelne derselben kernreicher als normal, in manchen besteht Epitheldesquamation und in ziemlich zahlreichen hyaline Degeneration der Schlingen. Im Hohlraum fast sämmtlicher Glomeruli feinkörniges Exsudat. Im interstitiellen Gewebe hie und da in der Umgebung kleiner Venen eine spärliche Anhäufung von Rundzellen, daneben hie und da wenig ausgedehnte Blutungen. Die Kapillaren in manchen Bezirken leer, in anderen aber prall mit roten Blutkörperchen gefüllt und stellenweise durch hyaline Thromben verlegt. Die Arterien meist leer, in einigen kleineren aber bemerkt man der Intima dicht anfliegend ein glänzendes, mit Eosin leuchtend rot gefärbtes, hyalines Band, welches mitunter vereinzelte geschrumpfte Kerne einschliesst. Die Venen der Marksubstanz sehr prall mit roten Blutkörperchen gefüllt. In vereinzelten starke Anhäufung von Leukocyten, die durch ein feinfädiges Fibrinnetz zusammengehalten werden.

Lungen. In den Lungen findet sich in den Unterlappen ausgedehnte katarrhalische, zum Teil hämorrhagische Pneumonie. In den Alveolen mitunter sehr reichliche Kokken. Neben den schon bei der makroskopischen Betrachtung deutlich erkennbaren Blutungen finden sich im Ober- und Mittellappen zahlreiche erst mikroskopisch nachweisbare Hämorrhagien. Im Bereich der Hämorrhagien finden sich in den Kapillaren Stasen und spärliche Thromben. In den kleineren Arterien und Venen teils wandständige, teils total obturirende Pfröpfe, welche teils aus homogenem, teils aus feinkörnigem und feinfädigem Material und spärlichen roten und weissen Blutkörperchen bestehen. In vereinzelten Kapillaren, wie in vereinzelten kleinen Arterien, welch' letztere nicht thrombosirt sind, vereinzelte vielkernige Riesenzellen.

Gehirn. In den weichen Hirnhäuten, sowie in der Hirnrinde und den Centralganglien spärliche, durch hyaline Thromben verschlossene Kapillaren und kleine Venen, in deren Umgebung die Gehirnsubstanz häufig blutig infiltrirt oder erweicht ist. Daneben in zahlreichen Kapillaren und kleinen Venen enorme Füllung mit roten Blutkörperchen. In der Lymphscheide kleiner Arterien hie und da zahlreiche rote Blutkörperchen. In ganz vereinzelten Arterien fibrinöse Thromben.

Herz. Im Herzblut finden sich bei der frischen Untersuchung ganz spärliche vielkernige Riesenzellen. Die Herzmuskelfasern intensiv getrübt, zum Teil verfettet; zwischen ihnen vereinzelte Blutungen. Der an der hinteren Fläche des Herzens gefundene gelbweisse Herd stellt sich bei der mikroskopischen Untersuchung als blasser Infarkt heraus, in dessen Umgebung eine mässige Blutung besteht. An Serienschnitten lässt sich nachweisen, dass der zuführende Arterienast durch einen Pfropf verschlossen ist, der teils aus hyalinem, teils feinkörnigem Material besteht.

Pankreas. Im Pankreas vereinzelte Blutungen und nekrotische Herde.

Uterus. Die inneren Schichten des Uterus kleinzellig infiltrirt, von massenhaften Bakterien durchsetzt. Die tieferen Schichten frei. Die der Placentarstelle fest aufsitzenden Placentarreste zeigen noch gut erhaltenes Placentargewebe. Die intervillösen Räume teils leer, teils mit gut färbbaren roten Blutkörperchen gefüllt; daneben findet man aber Stellen, wo das Placentargewebe in eine homogene, stark glänzende Masse umgewandelt ist, in der nur andeutungsweise Zotten erkennbar sind. Innerhalb der glänzenden Massen liegen spärliche grosse Riesenzellen. Ferner findet man Stellen, wo die intervillösen Räume ausgefüllt sind mit trübem, feinkörnigem und feinfädigem Material, welch' letzteres spärliche geschrumpfte rote Blutkörperchen und Leukocyten einschliesst. Die Zotten sind hier deutlich zu erkennen, aber kernlos und von Blutungen durchsetzt. In der Umgebung dieser Herde sind diese Zotten noch gut kernhaltig, aber ihr Gewebe erscheint eigentümlich aufgelockert und ist hie und da von Blutungen durchsetzt. Der epitheliale Ueberzug hie und da in Fetzen abgehoben. Dieselben Veränderungen finden sich auch in der geborenen Placenta.

Fall XVII.

Krankengeschichte. **Elitzsch**, Marie, Setzersfrau, 23 Jahre alt, Primipara. Aufnahme 30. VII., gest. 30. VII. 1891.

Patientin wird heute früh total bewusstlos in die Anstalt gebracht. Nach Angabe des Mannes hat sie seit dem 24. VII. Kopfschmerz und Übelkeit, seit der vergangenen Nacht heftige Anfälle. Guter Ernährungszustand, an den unteren Extremitäten geringe Ödeme; im Urin reichlich Eiweiss. Patientin ist im 9. Monat schwanger, Kind lebt, Blase steht. Zur Einleitung der künstlichen Frühgeburt wird mit Laminaria dilatirt. Während des Aufenthalts in der Klinik wurden 21 Anfälle mit vollständiger Bewusstlosigkeit beobachtet. Patientin erhält subcutan Morphium und wegen drohender Herzparalyse zwei Spritzen Äther. Tod abends 11 Uhr in tiefem Koma.

Temperatur betrug früh 7 Uhr 37,5°, 2 Uhr nachmittags 39°, abends 9 Uhr 39,1°.

Sektionsbericht. Mittelgrosse, gracil gebaute weibliche Leiche; guter Ernährungszustand. Haut im allgemeinen blass. Das Gesicht, besonders die Ohren hochgradig cyanotisch, ebenso die Fingerspitzen. Ausserdem finden sich am ganzen Körper zahlreiche linsen- bis markstückgrosse, bläulichrote Flecken, die sich beim Einschneiden teilweise als Blutpunkte herausstellen. An den unteren Extremitäten keine Ödeme. Äussere Genitalien bläulichrot gefärbt, leicht geschwollen. Aus der Scheide fliesst eine geringe Menge rötlichwässriger Flüssigkeit ab.

Kopfhöhle. Die weichen Schädeldecken sehr stark hyperämisch, hie und da vereinzelte Blutungen. Das knöcherne Schädeldach mesocephal, symmetrisch. Die Aussenfläche glatt, grauweiss gefärbt. Periost leicht abziehbar; Diploë mässig blutreich. Die Vitrea grauweiss gefärbt, mit minimalen Spuren von Osteophytbildung. Dura mater stark gespannt, an ihrer Aussenfläche stark injicirt. Im Sulcus longitud. sup. ein schlaffes Gerinnsel; die Innenfläche der Dura glatt. Über der linken Hemisphäre findet sich in den Subarachnoïdealräumen ein die ganze Konvexität einnehmender Bluterguss, der in Bereich des Stirn- und Mittelhirns fast 2 mm dick ist, während er im Hinterhirn kaum die Dicke von $\frac{1}{2}$ mm hat. Der Bluterguss erstreckt sich auf die laterale und untere Fläche des Schläfen- und Stirnlappens. Die Gyri der rechten Hemisphäre sind stark abgeplattet; die Oberfläche zeigt trockenen Glanz und schwache Gefässinjektion, nur im Bereich des Stirnhirns sind die Subarachnoïdealräume mit klarer Flüssigkeit gefüllt. An der Basis cerebri keine Veränderungen; die Gefässe zartwandig, leer. An der hinteren Fläche des Kleinhirns längs der Venen blutige Infiltration. In den Sinus der Schädelbasis flüssiges Blut, Dura der Schädelbasis glatt.

Im linken Stirnlappen findet sich eine etwa hühnereigrosse buchtige Höhle, teils mit flüssigem, teils mit fest geronnenem Blute gefüllt. Die Wand derselben ist zerfetzt, die umgebende Hirnsubstanz breiig erweicht, gelblich-graurot gefärbt und von zahlreichen Blutungen durchsetzt. Lateralwärts reicht diese Höhle bis an die Rinde, die an einer Stelle durchbrochen ist. Hier steht die oben erwähnte intermeningeale Blutung mit dem oben beschriebenen apoplektischen Herde in

Vorbindung. In der weiteren Entfernung von dieser Blutung und in der rechten Hemisphäre erscheint die Hirnsubstanz fest, trocken, glänzend. Auf der Schnittfläche treten zahlreiche abspülbare Blutpunkte hervor. Dicht unter der Rinde der linken Centralwindung ein erbsengrosser erweichter, graugelber Herd. Die Seitenventrikel leer, das Epondym im allgemeinen glatt. Am vorderen Pol des linken Nucleus caudatus eine subependymäre linsengrosse Blutung. Im vorderen Drittel desselben ein kirschkerngrosser Herd, in dessen Bereich die Gehirnsubstanz in eine breiige, bläulichrote Masse verwandelt ist; in der Umgebung derselben feinste Blutungen. Am Boden des 4. Ventrikels zwei punktförmige Ekchymosen. In der Brücke und Medulla oblongata spärliche punktförmige Blutungen.

Kleinhirn ohne Veränderungen.

Brusthöhle. Zwerchfellstand rechts an der 4., links an der 5. Rippe. Sternum normal. Thymus noch in ganzer Ausdehnung vorhanden, ödematös, granrot gefärbt. Aus der durchschnittenen Vena anonyma entleert sich reichlich dunkelrotes flüssiges Blut. Die Lungen sinken gut zurück. In den Pleurahöhlen ein Weinglas voll klarer, seröser Flüssigkeit.

Im Herzbeutel circa 2 Esslöffel klarer Flüssigkeit. Beide Blätter glatt und spiegelnd. Unter dem visceralen Blatt vereinzelte punkt- und streifenförmige Blutungen.

Das Herz zeigt normale Grösse. Im rechten Ventrikel dunkelrotes flüssiges Blut, ganz spärliche Gerinnsel. Sowohl im flüssigen Blut als in den Gerinnseln lassen sich spärliche Leberzellen und grosse vielkernige Riesenzellen nachweisen. Die Höhle des rechten Ventrikels nicht erweitert, die Musknlatur schlaff, verwaschen, graubräunlich gefärbt. Klappen intakt. Die linke Herzhälfte stark kontrahirt. Im Ventrikel eine Spur flüssigen Blutes, im Vorhof eine mässige Menge Cruor. Musknlatur von normaler Dicke, von mässig fester Konsistenz. Auf Flachschnitten zeigt sie ein geflecktes Aussehen, derart, dass verwaschen graurot gefärbte Stellen mit feinen gelbweissen, opaken Streifen und Flecken abwechseln. Hie und da erkennt man punkt- und streifenförmige Blutungen. Besonders reichlich sind dieselben an den Spitzen der Papillarmuskeln. Klappen intakt. Foramen ovale offen. Herzohr leer.

Die Lungen sind im allgemeinen gut lufthaltig. Beide an der Spitze verwachsen. Hier finden sich im Lungengewebe narbige Einziehungen, die stark pigmentirt sind und bis erbsengrosse verkalkte Herde einschliessen. Der pleurale Überzug überall glatt und spiegelnd; sowohl an der Pleura, als an den centralen Lungenteilen treten spärliche erbsen- bis bohnengrosse, wenig scharf umschriebene Blutungen hervor. Die Unterlappen etwas blutreicher als die Oberlappen, mässig ödematös. In letzteren treten vereinzelte erbsen- bis kirschgrosse, auf der Schnittfläche vorspringende, derbere Herde hervor, die eine hellgraurote Farbe und ein trockenes, körniges Aussehen zeigen. Bronchialschleimhaut intakt.

An den Halsorganen keine Abnormitäten.

Bauchhöhle. Der Leib ist halbkugelig aufgetrieben, die unteren Abschnitte desselben werden durch den graviden Uterus eingenommen. In den abhängigen Teilen findet sich circa $1/4$ l klare, rötlichgelb gefärbte Flüssigkeit. Im rechten Musculus rectus abdominis eine zehnpfennigstückgrosse Blutung; vereinzelte punktförmige Ekchymosen in der Scrosa, letztere glatt, lebhaft injicirt.

Die Milz 12:7:3. Oberfläche glatt, tief schwarzblau gefärbt, ziemlich fest. Schnittfläche ziemlich blutreich, nicht vorquellend. Follikel und Trabekel undeutlich.

Die Nebennieren ziemlich derb, blutarm.

Die linke Niere normal gross, von fester Konsistenz. Kapsel leicht abziehbar, Oberfläche glatt, bräunlichgrau gefärbt. Die Oberfläche zeigt mässige

Gefässinjektion. Von der Schnittfläche fliesst reichlich dunkelrotes Blut ab. Die Rinde ist nicht verbreitert, zeigt einen eigentümlichen braungrauen Farbenton. Die Zeichnung stellenweise etwas verwaschen, hie und da vereinzelte gelblichweisse Streifen. Die Marksubstanz dunkelblaurot gefärbt. Nierenbecken nicht erweitert, ebenso Ureter. Die rechte Niere etwas grösser als die linke, zeigt im allgemeinen dasselbe Verhalten wie jene, nur sind hier die gelblichweissen Flecken und Streifen deutlicher ausgesprochen. Auch hier das Nierenbecken nicht erweitert; im Nierenbecken vereinzelte Hämorrhagien.

Die Harnblase leer, die Schleimhaut blass, im Fundus punktförmige Hämorrhagien.

Serosa des Uterus glatt; die Tuben zeigen starke Gefässinjektion, die Venae uterinae und spermaticae enorm dilatirt, mit dünnflüssigem Blute gefüllt. Die Scheidenschleimhaut tief dunkelrot gefärbt. Der äussere Muttermund 5 cm weit offen, mit oberflächlichen Einrissen. Im Uterus eine 45 cm lange, gut entwickelte Frucht. Sektionsbefund der Frucht s. unten.

Die Leber 27 cm breit, davon 17 cm auf den rechten Lappen. Letzterer 15 cm hoch, 8,5 cm dick. Der linke Lappen 13 cm hoch, 6 cm dick. Sie besitzt eine ziemlich derbe Konsistenz. Im Ligam. suspensorium vereinzelte punktförmige Ekchymosen. Die Oberfläche zeigt ein ausserordentlich buntes Aussehen. Man bemerkt einmal Herde, die verwaschen grau aussehen, daneben landkartenartig angeordnete, tiefrote Flecken und Streifen, die an der Oberfläche des rechten Leberlappens in der Nähe des Ligam. suspensorium zu etwa handtellergrossen Herden konfluiren. Bei näherem Zusehen zeigt sich, dass diese eben erwähnten Herde eine komplicirte Zusammensetzung besitzen. An der Peripherie sind sie meist tief dunkelrot gefärbt, im Centrum dagegen gelbweiss. An den kleinsten derartigen Herden kann man nachweisen, dass sie stets in der Umgebung der Pfortaderverzweigung liegen. Neben den eben erwähnten Flecken und Streifen finden sich punkt- bis hirsekorngrosse, opake, gelbweisse Flecken. Auf der Schnittfläche dasselbe bunte Aussehen. Im Lobulus Spigelii ausgedehnte rote Flecken und Streifen. Das zwischen den hämorrhagisch infiltrirten Partien liegende Gewebe zeigt eine verwaschen graurote Farbe und eine undeutlich acinöse Struktur. Die grösseren Lebervenen frei; die in ihrer Umgebung gelegenen Blutungen schimmern durch ihre Wand bläulichrot hindurch, Pfortader nicht thrombosirt. Gallenblase enthält dünnflüssige Galle. Gallengänge durchgängig.

Der Magen enthält eine geringe Menge grauer, trüber Flüssigkeit, in der ziemlich zahlreiche, braunrote, kaffeesatzähnliche Flocken flottiren. Letztere haften der mit zähem Schleim bedeckten Schleimhaut fest an. Die Schleimhaut ist geschwollen und fleckig gerötet. Auf der Höhe der Schleimhautfalten, besonders an der kleinen Kurvatur, zahlreiche punktförmige Ekchymosen und linsen- bis fünfpfennigstückgrosse, hämorrhagische Erosionen.

Die Schleimhaut des Dünndarms blass, mit zahlreichen Hämorrhagien. Letztere sind besonders zahlreich im Dickdarm.

Sektion des Fötus. 45 cm langes Kind, noch nicht völlig reif. Nasen- und Ohrenknorpel noch weich. Finger- und Zehennägel überragen noch nicht die Finger- bez. Zehenspitzen; die kleinen Schamlippen ragen noch ziemlich weit zwischen den grossen hervor. Die äusseren Bedeckungen mit dichter Schicht von Vernix caseosa bedeckt. Kopfhaare schwärzlich, 1 cm lang. In den weichen Schädeldecken vereinzelte punktförmige Ekchymosen. Grosse und kleine Fontanelle weit offen. An der Innenfläche der Dura vereinzelte punktförmige Blutungen, ebenso auf der Pia. Gehirn ziemlich weich, sonst ohne Befund; nirgends Blutungen. Bei Eröffnung der Bauchhöhle entleert sich ein Theelöffel voll bräunliche Flüssigkeit. Im Dünn- und Dickdarm reichlich Meconium, Serosa glatt und spiegelnd.

Leber im allgemeinen dunkelblaurot gefärbt, mit vereinzelten gelbgrauen Fleckchen und punktförmigen Blutungen auf der Oberfläche und im Parenchym, welch' letzteres weich und ziemlich blutreich ist. — Milz gross, fest, tief blaurot gefärbt. Nieren etwas vergrössert. Kapsel leicht abziehbar. Konsistenz mässig fest. An der Oberfläche sowohl, wie auf der Schnittfläche der Rinde treten punkt- und streifenförmige Blutungen hervor. Rinde entschieden verbreitert und vorquellend, zeigt eine verwaschene, gelbgraue Farbe. Marksubstanz blutreicher. Im Nierenbecken einzelne Blutungen. Magen und Darm ohne Besonderheiten. — Zwerchfellstand beiderseits an der 3. Rippe. Pleurahöhlen leer. Lungen zurückgesunken, luftleer. An der Ober- und Schnittfläche zahlreiche punkt- bis strichförmige Ekchymosen. Letztere finden sich auch im Herzbeutel. Herz enthält dunkelrotes, flüssiges Blut; von normaler Beschaffenheit.

Das Placentargewebe zeigt im allgemeinen geringen Blutgehalt und eine trübe braunrote Farbe. Hie und da treten vereinzelte, teils runde, teils keilförmige gelbe, trockene Herde hervor von der Grösse eines Kirschkerns bis zu der einer Wallnuss. Daneben dunkelrot gefärbte, undeutlich abgegrenzte kirschgrosse Herde und endlich mattgrau gefärbte, derbere Partien, welche deutlich über die Schnittfläche prominiren und durch einen tiefroten Saum unregelmässig zackig, aber scharf begrenzt sind. Im Blut der Uterusvenen vielkernige Riesenzellen.

Bakteriologische Untersuchung. Der bakteriologischen Untersuchung werden Gehirn, Leber, Herz, Nieren und Lungen der Mutter und des Kindes, sowie die Placenta unterzogen. In letzterer wurde besonders mit Rücksicht auf Favre's Untersuchungen den älteren und frischen Infarkten Aufmerksamkeit geschenkt. Sämmtliche Platten aber blieben steril; nur hie und da ganz vereinzelte oberflächliche Kolonien, die auf Verunreinigungen zu beziehen sind. Auch in Ausstrich- und Schnittpräparaten lassen sich keine Mikroorganismen nachweisen.

Mikroskopische Untersuchung. *Leber.* In der Leber multiple hämorrhagische Nekrosen älteren und frischeren Datums. In zahlreichen Interlobularvenen hyaline und Plättchenthromben. Geringe Gallenstauung. In den Lebervenen spärliche Leberzellen.

Nieren. Die Nieren zeigen nur geringe Veränderungen, im frischen Präparat geringe Trübung der Epithelien, keine Verfettung; dagegen in zahlreichen Glomerulusschlingen grosse, zum Teil wurstförmige, glänzende Fetttröpfchen (Fettembolien).

Im gehärteten Präparat die Epithelien meist ohne Veränderungen; nur hie und da finden sich in den gewundenen Kanälchen kernlose Epithelien. Im Lumen der Kanälchen feinkörniges Exsudat und hyaline Cylinder. Glomeruli in der Mehrzahl intakt; in den Kapselräumen häufig feinkörniges und homogenes Exsudat; in den Schlingen mitunter hyaline Thromben. Im interstitiellen Gewebe keine Veränderungen. Die intertubulären Kapillaren meist prall gefüllt mit roten Blutkörperchen, in zahlreichen hyaline Thromben. Die Venen prall gefüllt, die Arterien meist leer; nur hie und da wandständige Plättchenthromben. In den Sammelröhren Cylinder, denen braune Pigmentkörnchen anhaften.

Lungen. In den Lungen findet sich eine hochgradige Fettembolie. In zahlreichen Kapillaren und kleineren und grösseren Arterien massenhafte Riesenzellen; daneben ausgedehnte hyaline Thrombose der Kapillaren. In zahlreichen grösseren und kleineren Arterienästen und Venen wandständige und obturirende Thromben. Die wandständigen Thromben bestehen meist aus Blutplättchen, welche vereinzelte rote und weisse Blutkörperchen einschliessen. Die lokal obturirenden Thromben zeigen einen verschiedenen Bau, teils bauen sie sich ebenfalls aus Blutplättchen auf, teils aber sind sie geschichtet, derart dass meist der Gefässwand eine Lage feinkörnigen Materials vorliegt, an welche sich gegen das Centrum des Thrombus Schichten, die aus weissen und roten Blutkörperchen bestehen, anschliessen; zwischen den letzteren häufig ein feinfädiges Fibrinnetz; endlich findet man Thromben, welche sich nur aus feinfädigem Fibrin und feinkörnigen Massen aufbauen. In den Alveolen häufig zahlreiche rote Blutkörperchen, zwischen denen sich mitunter ein feines Fibrinnetz nachweisen lässt. Ein eigentümliches Bild zeigt sich bei der mikroskopischen Untersuchung der im Sektionsbericht erwähnten, in den Oberlappen gefundenen derberen, grauroten Herde. Hier sind die Alveolen ausgefüllt mit einem Fibrinnetz, welches aus feinen und gröberen Fäden besteht; die Alveolenwände sind mit einer breiten Schicht von hyalinen Massen austapeziert; zwischen den Fibrinfäden liegen meist nur ganz spärliche geschrumpfte Leukocyten mit fragmentirtem Kern und feinkörnige Eiweissniederschläge. Mikroorganismen lassen sich durch die Färbung nicht nachweisen. Die Kapillaren sind hier sämmtlich enorm aufgetrieben und enthalten teils homogene, teils schollige, hyaline Massen. Ihre Endothelkerne sind meist vollständig geschwunden.

Gehirn. Im Gehirn findet sich eine ausgedehnte hyaline Thrombose der Kapillaren, in deren Umgebung sich zahlreiche, wenig umfangreiche Blutungen nachweisen lassen. Besonders zahlreich sind die Blutungen in der Rinde, in den Centralganglien und in der Brücke. An Stellen, wo sich die Thrombose auf eine ganze Provinz von Kapillaren erstreckt, ist die Gehirnsubstanz erweicht, besonders ist dies der Fall im linken Nucleus caudatus und in der linken Centralwindung, wo diese Erweichungen schon bei der makroskopischen Betrachtung erkennbar waren. Die Venen meist enorm gefüllt, hie und da durch hyaline und Plättchenthromben versetzt; in zahlreichen Venen wandständige Plättchenthromben. Die Arterien der Pia an vielen Stellen prall mit roten Blutkörperchen gefüllt, aber meist nicht verstopft, nur hic und da wandständige Plättchenthromben. Die kleinen Arterien der Gehirnsubstanz meist ebenfalls stark gefüllt, ihr Lumen mitunter durch feinkörnige, hyaline und feinstreifige Pfröpfe verlegt; ihre Lymphscheide mitunter durch rote Blutkörperchen enorm dilatirt. Die Wand des apoplektischen Herdes von äusserst zahlreichen Blutungen durchsetzt; an einem der medialen Wand entnommenen Stück trifft man bei der mikroskopischen Untersuchung auf eine etwa stricknadeldicke, thrombosirte Vene. Die Randpartien des Thrombus bestehen zum grössten Teil aus hyalinen, scholligen Massen, während die centralen Teile sich aus abgeblassten und aus geschrumpften roten Blutkörperchen und in Zerfall begriffenen Leukocyten aufbauen, welche in feinkörnigen und feinfädigen Massen eingebettet liegen. Die Vene wird auf Serienschnitten verfolgt; an diesen Serienschnitten lässt sich eine weite Ruptur der Venenwand nachweisen, jenseit der Rupturstelle ist die Vene enorm dilatirt und prall mit roten Blutkörperchen gefüllt. Ich stehe nicht an, diese geborstene Vene als Quelle der ausgedehnten Hämorrhagie anzusprechen. Eine analoge Beobachtung ist von Pfannenstiel [49]) mitgeteilt worden.

Herz. Die Muskelfasern grösstenteils intakt, nur hie und da stärkere Trübung, keine Verfettung. Die streifenförmigen Blutungen liegen in der Umgebung stark dilatirter Venen und Kapillaren, in welchen spärliche hyaline Pfröpfe nachweisbar sind. Im Bereich der Blutungen sind die Muskelfasern kernlos und zu glänzenden Schollen zerfallen.

Pankreas intakt.

Magen. Die Blutungen im Magen liegen stets um prall gefüllte Kapillaren und kleine Venen herum. In Serienschnitten lässt sich nachweisen, dass dieselben in thrombosirte Venen der Submucosa einmünden. Die Thromben bestehen teils aus feinkörnigem Material, teils aus einem Fibrinnetzwerk; in beiden Fällen sind an dem Aufbau des Thrombus rote und weisse Blutkörperchen betheiligt, wenn auch in spärlicher Menge.

Die Blutungen im Darm zeigen ein analoges Verhalten. Die Arterien sind meist leer, nur in ganz vereinzelten lassen sich Thromben nachweisen.

Placenta. Die intervillösen Räume nur spärlich gefüllt; hie und da trifft man auf freiliegende, von der Zellenoberfläche abgelöste Epithelien und Riesenzellen (Epithelknospen). Die gelbweissen, trockenen Herde zeigen die bekannte Struktur der weissen Infarkte. Im Bereich der im Sektionsbericht erwähnten festeren, mattgrau gefärbten Herde ist die Struktur der Placenta im allgemeinen noch gut erhalten, aber die Zellen erscheinen völlig kernlos, ihr Gewebe aufgequollen, mattglänzend und von spärlichen roten Blutkörperchen durchsetzt, die Gefässe meist prall mit abgeblassten roten Blutkörperchen gefüllt. Das Zottenepithel völlig kernlos, mitunter in ein homogenes glänzendes, mit Eosin sich leuchtend rot färbendes Band umgewandelt. Die intervillösen Räume mit feinkörnigen, trüben Massen ausgefüllt, welche spärliche, abgeblasste rote Blutkörperchen, geschrumpfte Leukocyten und Pigmentkörnchen einschliessen. In der Umgebung dieser Herde sind die intervillösen Räume prall mit roten Blutkörperchen erfüllt, zwischen denen sich ziemlich reichlich abgelöste Zottenepithelien und Riesenzellen finden. Die Zottengefässe enorm dilatirt; die Zottensubstanz von roten Blutkörperchen durchsetzt, welche häufig zwischen dem Epithel und dem bindegewebigen Grundstock der Zotten liegen, wodurch es zu einer partiellen oder totalen Abhebung des Zottenepithels kommt. Die dunkelroten, derberen Herde zeigen bei der mikroskopischen Untersuchung genau dasselbe Verhalten, wie es eben von der Umgebung der mattgrauen Herde beschrieben wurde.

Fötus. *Lungen.* An den Lungen ausser den subpleuralen Blutungen keine Veränderungen.

Nieren. Fast sämmtliche Epithelien der gewundenen Kanälchen sind kernlos, enorm geschwollen, so dass stellenweise ein Lumen nicht mehr nachweisbar ist. Die Epithelien der Henle'schen Schleifen meist gut erhalten, nur hie und da kernlos. Im Lumen derselben, sowie in dem der Sammelröhren feinkörnige Eiweissniederschläge, nur spärliche hyaline Cylinder. Glomeruli intakt, in einigen Kapselräumen feinkörniges Exsudat und spärliche rote Blutkörperchen. Im interstitiellen Gewebe ausgedehnte Blutungen. Die Gefässe enorm gefüllt, ohne Thromben.

Gehirn. Im Gehirn ganz spärliche, erst mikroskopisch nachweisbare Blutungen, die in der Umgebung prall gefüllter Kapillaren und Venen liegen.

Leber. In der Leber spärliche Blutungen im periportalen Gewebe, welche um interlobuläre Venen liegen, die durch hyaline Thromben verschlossen sind.

Litteratur.

1. Lever, Guy's hospital reports. 1843. — 2. Jürgens, Berl. klin. Wochenschritt. 1886. — 3. Klebs, Ziegler's Beiträge zur pathol. Anatomie. Bd. II. — 4. Pilliet, Nouv. Archives d'obstétrique et de gynécologie. 1884. — Derselbe, ibidem. 1888. — Pilliet et Létienne, ibid. 1889. — Pilliet et Morel, ibid. 1890. — Pilliet, Gaz. hebdomad. 1890. — Derselbe, Nouv. Arch. d'obstétrique. 1890. — 5. Lubarsch, Verhandl. d. Naturforschervers. Halle 1891. und Prutz, Zeitschr. für Gynäkol. Bd. 23. — 6. Virchow, Berlin. klin. Wochenschrift. 1886. — 7. Klebs, l. c. — 8. Stumpf, Verhandlg. d. deutschen Gesellsch. f. Gynäkologie I. Kongr. 1886. — 9. Pilliet, Gaz. hebdomad. 1890. — 10. Frerichs, Klinik d. Leberkrankheiten. I. S. 80. — 11. Jürgens, l. c. — 12. Klebs, l. c. — 13. Heller, Deutsch Archiv f. klin. Med. VII. — 14. v. Recklinghausen, Virch. Arch. Bd. 106. — 15. Arnold, Virch. Arch. 124. — 16. Leyden, Zeitschr. f. klin. Medicin. 1880 u. 1886. — 17. v. Recklinghausen, Handbuch d. allg. Path. S. 134 u. 135. — 18. Wiedow, Zeitschr. f. Geburtshülfe u. Gynäkol. Bd. XIV. — 19. Langerhans, Virch. Arch. 124. — 20. Leyden, l. c. — 21. Klebs, l. c. — 22. Osthoff, Sammlung. klin. Vorträge, herausgeg. von Volkmann. Nr. 266. — 23. v. Herff, Münch. med. Woch. 1891. — 24. Blanc, Arch. de tocologie. 1889. — 24. Derselbe, Acad. des sciences. Séance du 25 mars 1889. — Derselbe, Lyon médical. 1890. — 25. Dolévis, Nouvelles archives d'obstétrique etc. 1886. — 26. Favre, Virch. Arch. 123. 124. 127. — 27. Naunyn, Arch. f. experiment. Pathol. Bd. I. — 28. Franken, Inaug. Dissert. Dorp. 1870. — 29. Plosz u. Györgyni, Arch. f. experim. Pathol. Bd. II. — 30. Magendie, Léc. sur le sang. 1838. — 31. Panum, Virch. Arch. 63 u. 66. — 32. Landois, Die Transfusion des Blutes. — 33. Ponfick, Virch. Arch. 62. — 34. A. Köhler, Inaug.-Dissert. Dorpat, 1877. — 35. Edelberg, Arch. f. experim. Pathol. Bd. XII. — 36. Wooldridge, Die Gerinnung d. Blutes. Übers. v. Dr. M. v. Frey. 1891. — Derselbe, Arch. f. Physiol. 1888. — Derselbe, Proced. of. royal. soc. 1889. — 37. Groth, Inaug.-Dissert. Dorpat 1884. — 38. Nauck, Inaug.-Dissert. Dorpat

1886. 39. Fôa u. Pellacani, Arch. ital. de Biol. 4. — 40. Hanau, Fortschritte d. Medicin. 1886. — 41. Klebs, Pathol. Morphol. — 42. Silbermann, Virch. Arch. 119. — 43. Welti, Ziegler's Beiträge Bd. V. — 44. v. Recklinghausen, Handb. d. allg. Pathol. — 45. Franken, l. c. S. 44. — 46. Cohnheim u. Litten, Virch. Arch. Bd. 67. — 47. Eberth, Fortschr. d. Medicin 1888. — 48. Fehling, Arch. f. Gyn. u. Geburtsh. 327. — 49. Pfannenstiel, Centralblatt f. Gynäkol. 1887.

Tafel-Erklärung.[1]

Tafel I. II.

Fig. 1. Hämorrhagische Lebernekrose. Fibrinnetz zwischen den Leberzellen, fibrinöse Thromben in den Interlobularvenen.

Fig. 2. Anämische Lebernekrose. Die Leberzellen in ihren Konturen noch erhalten; die Kerne teils schwach gefärbt, teils überhaupt nicht mehr färbbar.

Fig. 3. Fibrinöse Thromben in den Interlobularvenen. Fibrinnetz in den anliegenden Leberpartien bei anämischer Lebernekrose.

Fig. 4. Multiple hyaline Kapillarthromben in der Lunge. Fibrinnetz in den Lungenalveolen.

Tafel III. IV.

Fig. 5. Wandständige und obturirende Thromben in den Lungengefässen.

Fig. 6. Hyaline Thromben in einem Gehirngefäss mit Erweichung in der Umgebung.

Figg. 7. 8. 9. 10. 11. Placentarzellen in Lungenkapillaren.

Tafel V.

Figg. 7a. 8a. 9a. 10a. 11a. Placentarzellen in Lungenkapillaren.

---

[1] Die bunten Figuren sind z. T. nach Photogrammen in der Weise hergestellt, dass von der photographischen Platte ein schwaches Positiv angefertigt und letzteres in Anlehnung an das mikroskopische Präparat bunt übermalt wurde. Die Photographien auf Tafel V, die mit dem grossen Zeiss'schen Apparat hergestellt wurden, gebe ich deshalb, weil dadurch für die Richtigkeit der Zeichnung gewährleistet wird.

Druck von August Pries in Leipzig.

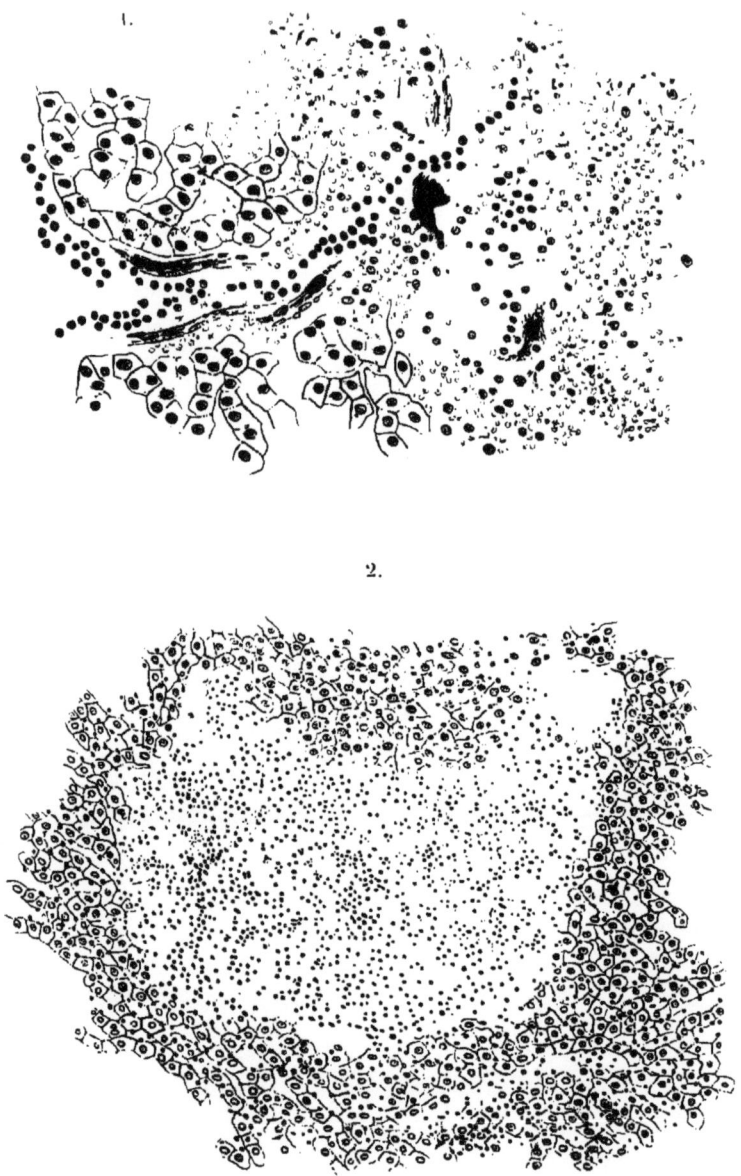

Schmorl, Eklampsie

Tafel I, II

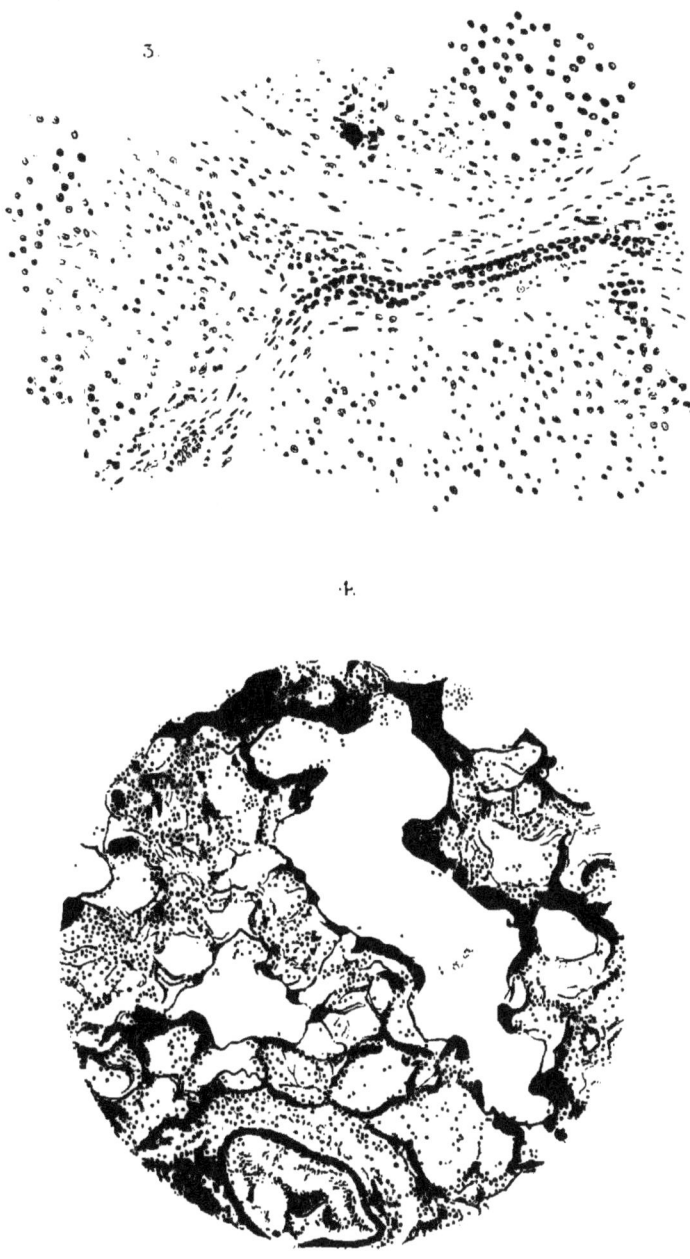

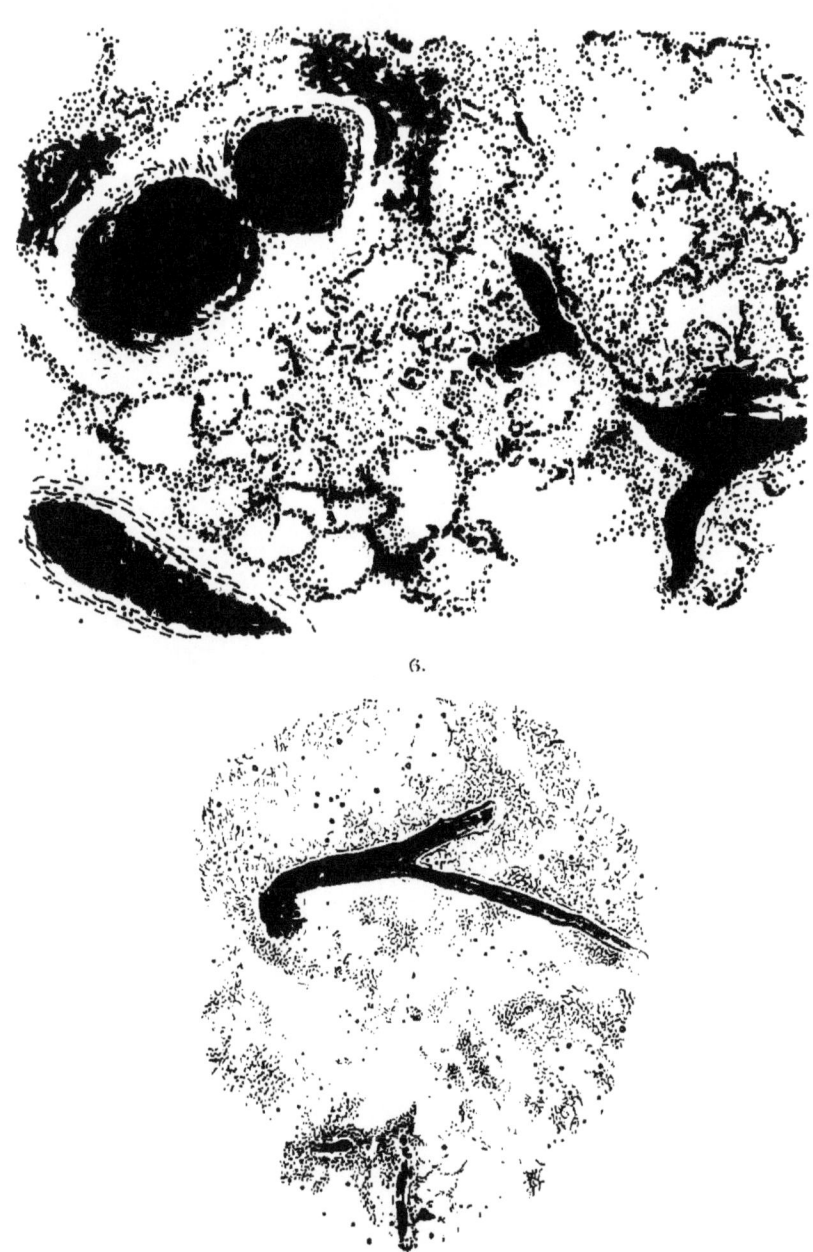

6.

Schmorl, Eklampsie

Tafel III, IV.

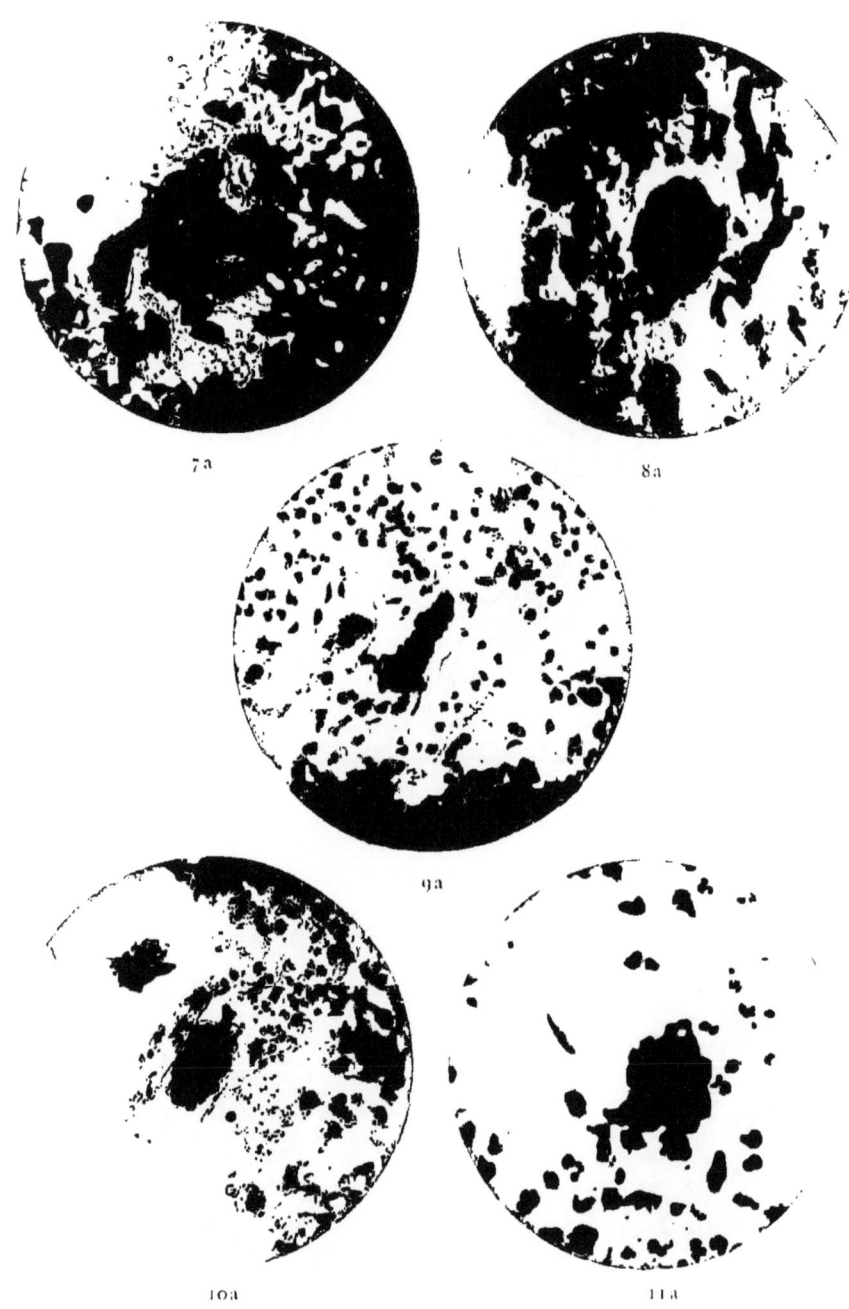

Tafel V.

7a 8a

9a

10a 11a

Schmorl, Eklampsie.   **F. C. W. Vogel in Leipzig.**   Julius Klinkhardt, Leipzig.